U0114400

博客思出版社

當諸葛亮「外掛」金融科技
從三國演義看懂現代金融

林睿奇 著

滾滾比特幣東逝水，浪花淘盡英雄
是非成敗轉頭空
信用、槓桿、複利依舊在，獨角獸公司仍紅
白髮漁樵江渚上，慣看期貨和選擇權、金融科技
信託、CRS恨相逢
債券多少事，都付笑談中

目錄
Catalog

作者序：奇想中照見金融知識

這本書名叫「當諸葛亮外掛金融科技」，而所謂「外掛」原本指的是增加電腦程式的額外功能，在電玩世界中是形容以外部程式作弊，這裡則是表示在諸葛亮腦中灌注金融科技的知識。嚴謹一點來說，書名所提的金融科技應該拆解為現代金融以及金融科技（FinTech）。這本「新三國演義」充滿了日常所見的金融術語，但琅琅上口的詞彙並非就是淺顯易懂。更令人苦惱的是，既有的金融運作尚未被充分理解，新的金融科技又如雨後春筍般冒出。我們常說「以古為鑑」，也就是師法古人的智慧，有時更能幫助我們通達事理。「當諸葛亮外掛金融科技」這本書便是遵循這樣的邏輯，不同之處只是先將現代人的新知注入古人腦中，再藉由古代歷史解釋現代金融。我深信，這本書呈現的方式將令讀者更容易親近金融，看懂金融科技，甚至想通隱晦深奧的道理。

出師未捷身先死，長使英雄淚滿襟……

　　讀三國演義，最感慨的應該就是諸葛亮鞠躬盡瘁、死而後已，但卻不能讓蜀漢統一中原吧！羅貫中的三國演義將劉備陣營描繪成正義的化身，而諸葛亮除了神鬼莫測的智慧、呼風喚雨的神力之外，也常被視為是輔佐劉備父子的忠臣。自然而然地，在觀看三國演義的書籍或是戲劇，甚至在打電玩手遊的時候，我們大多將心偏向劉備陣營。看到令人扼腕的劇情時，心中難免浮出不少個「如果」。如果劉備在荊州時不要那麼「假掰」，順勢於劉表死後取而代之，就不需跟孫權借荊州，埋下蜀漢和東吳衝突的導火線。如果關公能夠謙遜一點，不要拒絕孫權求親之意，也不要小覷東吳後起之秀陸遜，他或許不會敗走麥城。如果關公沒死，劉備和張飛也不必怒攻孫權，三個「桃園結義」的兄弟便不用中途「謝幕」！

　　要令蜀漢統一中原，恐怕需要很多個「如果」。然而，讀過三國演義的讀者應該都有一種感覺，書中前半部黃巾之亂、討伐董卓和官渡之戰，劉備似乎都是扮演著無足輕重的角色。直到三顧茅廬、諸葛亮出山，藉由諸葛亮束結孫權，打贏赤壁之戰，奪取荊州和益州之後，劉備的聲勢方才逐漸壯大。諸葛亮對於劉備陣營來說，發揮了振衰起敝、起死回生之功。由

此可見，在三國演義之中，或許只需在諸葛亮身上放入「如果」，便能翻轉三國局勢，幫助劉備統一中原。這個「如果」就是金融科技！如果諸葛亮擁有現代的知識，再加上本身的才智，豈非如虎添翼？兵法有云「三軍未發，糧草先行」，戰爭是很燒錢的，在發動戰爭之前，除了招兵買馬之外，準備後勤補給更是重要。假使最終戰敗或是慘勝，也需足夠的錢糧才能穩住局勢，避免軍心生變。此外，三國時代也是一個兵不厭詐、詭計多端的時代，軍師們的計策多得倚靠情報蒐集、收買賄賂才可得逞。凡此種種，皆需仰賴錢財方能達成目的。

諸葛亮若能擁有現代金融的知識，像是運用比特幣、信用和 P2P 借貸平台等觀念，將可為劉備厚植財力，進而富國強兵；或是操作槓桿複利、期貨和債務迫使敵人屈服；又或是採取「獨角獸」策略，令劉備更快擁有稱帝的效果。如果諸葛亮外掛金融科技，是否真的可以翻轉三國局勢？本書將帶讀者回到三國時代，從「三顧茅廬」開始，一路上以金融科技「披荊斬棘」、「斬妖除魔」！

西元 2025 年

　　「劉鋒，你回來了啊！唉，看你一副死樣子，就知道任務又失敗了！去，離開我的視線。」一個男子將腳翹在控制台上，臉上露出輕蔑的神情。

　　劉鋒相當討厭自己的名字，因為身為蜀漢昭烈帝劉備的嫡系子孫，偏偏被取了一個與劉備養子「劉封」同音的名字，劉封在歷史上的命運是被劉備賜死。劉鋒更痛恨那個翹腳的男子，男子名叫司馬恆，他不僅是國家穿梭實驗室的主任，還是晉武帝司馬炎的後代子孫。兩家的恩怨從三國時代綿延到現代！劉鋒想起大約一千八百年前，劉禪向曹魏投降，隨後司馬炎篡魏稱帝，進而統一中原。三國的歷史至今仍然影響著他的命運嗎？劉鋒心裡不自覺地這樣想。

　　劉鋒悻悻然地走出一顆運轉中的金屬球體，這是一部穿越時空的機器。拯救世界的任務的確再度失敗，

但又有誰能完成任務而真正地拯救世界呢？穿越時空去殺害或是拯救幾個人，這樣就能避免世界毀滅嗎？劉鋒對於這種邏輯感到頗不以為然。他回到房內，望著窗外滿目瘡痍的景象，到處殘留著核戰毀滅的痕跡，雖然看不見四處飄流的輻射，但空氣中像是散發著致命的氣息。劉鋒慶幸自己身在國家穿梭實驗室之中，儘管這裡與他擁有金融博士的經歷毫不相關，此處卻是他的救命基地。國家穿梭實驗室位於一艘飛行船內，原來只是一間耗費巨資、異想天開的實驗室，現今卻成為全世界的希望。飛行船的船長是國家科學院的院長，在各國瘋狂地展開核子大戰之後，他便寄望學院發明出的時空穿梭機能夠帶領特工回到過去，刺殺發起戰爭的惡棍，並且協助倡議和平的政治家，而劉鋒原本的工作只是提供金融相關的背景知識，後來上級認為他具備成為特工的條件，因此要求他接受特殊訓練。然而，經過多年試驗，不管劉鋒或其他特工的任務成功與否，飛行船外的恐怖景象依然存在。

　　「劉鋒，你回來了啊！唉，看你一副死樣子，就知道任務又失敗了！來，給我抱一下。」一個嘻皮笑臉的輕熟女走進劉鋒的房間。劉鋒苦笑地作勢揮了一拳。輕熟女是劉鋒的好朋友，名叫何苑湘，她擁有電機博士的學位，負責操作時空穿梭機和智能機器。智

能機器系統裡儲存海量資料，每當特工穿越時空之前，何苑湘便從資料庫裡挑選相對應的知識注入特工腦中，令特工們可以快速地融入過去時空中的生活。劉鋒是最常出任務的特工，因此與何苑湘的交情特別地好。何苑湘知道劉鋒經常被派遣的原因，由於實驗室主任司馬恆以私害公，不僅搶了劉鋒的女友，還不斷地藉任務之名支開劉鋒。

「抱妳不如抱瓶酒！走，陪我去喝幾杯吧！」劉鋒像是對待哥們似地摟著何苑湘，何苑湘不禁雙頰一紅，順從地陪伴劉鋒來到飛行船內的酒吧。冤家路窄！劉鋒才喝了兩、三杯酒，司馬恆便牽著劉鋒前女友的手走了進來。嘴賤的司馬恆怎肯放過這個大好機會，用了不少有關媽的髒話數落劉鋒，還要何苑湘遠離他。本想借酒澆愁的劉鋒，此刻卻更加愁苦。

「真媽的！真是個混蛋！」何苑湘將劉鋒帶離現場，忍不住替他打抱不平。

「哈哈……沒有『真媽的』這種髒話啦，不會罵人就不要罵。」劉鋒被何苑湘逗笑了。

「管他的，我就愛這麼罵。」何苑湘做了個鬼臉。「要不要我幫你穿越時空到他小時候，然後打爆他的

頭？」

「妳想害我回來被關啊！」

「不然，回到過去，偷偷放火把他家給燒了，讓他從小沒錢唸書，長大就不會成為斯文敗類了！」

「走，到穿梭機那裡！」劉鋒仗著酒意，突然迸出這句話。

何苑湘不太懂得如何拒絕別人，尤其是這個讓她一見傾心的男人。何苑湘沒有多問什麼，她按照劉鋒的要求，在控制台上輸入一連串的指令。劉鋒進入時空穿梭機後，很快地就消失在她的眼前。何苑湘忐忑地來回走動，擔心被人發現，更擔心劉鋒的安危。過了好一陣子，劉鋒才駕著穿梭機返回，而走出來的時候，肩上還扛著一名身穿古裝的男子。

「他是誰啊？」何苑湘望著昏迷中的男子。

「諸葛亮！」劉鋒小心翼翼地將諸葛亮放在智能機器之上。

劉鋒要求何苑湘將金融科技的知識注入諸葛亮的

腦中。隨著數不清次數的穿越，劉鋒早已放棄了拯救這個世界的念頭，現在的他只想救一救自己。他將一個藏在心中已久的想法告訴何苑湘，他要從源頭崩壞司馬家的基業，一旦天命不再歸於司馬家，一旦劉備統一中原，現在他與司馬恆的處境便能不著痕跡地發生轉變。劉鋒過去的財經歷練告訴他，國與國之間的戰爭其實就是一場金融戰，誰有財力招兵買馬，誰有財力富國安民，誰有財力挺住戰事的曠日持久，此人便可贏得最終的勝利，而在三國時代，諸葛亮就是那個能幫劉備打贏金融戰的靈魂人物。何苑湘絲毫沒有覺得劉鋒的想法瘋狂，畢竟她已經目睹太多次穿越時空的任務，也聽了太多次司馬恆的狂想。她不認為劉鋒此舉可以改變世界，但是藉此調換幾個人的命運則是相對容易。

　　在智能機器運轉的過程中，諸葛亮逐漸甦醒，他生平第一次露出呆若木雞的神情。劉鋒表明自己是劉備的後代，並解釋諸葛亮獲得現代知識的過程，他不求諸葛亮完全了解，只求他能幫助劉備統一中原。劉鋒帶著諸葛亮搭上穿梭機，再次消失在何苑湘的眼前。此時的何苑湘越發忐忑不安，她不知道劉鋒回來之後，命運的轉變會讓他們的關係更加親近或是變得疏遠……

建安十二年（西元 207 年）

　　一顆金屬球體憑空出現於荒野山林之中，從所在之處眺望，只見幾片竹林穿插著農田和茅草屋，再將目光放遠，一面高聳的城牆依稀可見，這便是戰神關公難以真正攻克的襄陽城，雲霧遮蓋了部分城垛，但仍能令人感受到城池的氣勢磅薄。兩人來到了三國時代的兵家必爭之地，而時空穿梭機的存在正與周圍環境產生極大的反差。諸葛亮被劉鋒攙扶下來，一時間仍感頭昏腦脹，雖然他智商破表，但瞬間來回一千八百年的時空，任誰都無法迅速地理出個頭緒。尤其劉鋒不知道是太興奮還是太過緊張，迷昏諸葛亮並灌注金融知識之後，也不等諸葛亮稍作調適，就急著大談自己的身世以及超時空的概念。當時若不是有高科技的場景環繞，諸葛亮可能真的以為自己見到鬼了，如今返回家鄉，大腦加速運轉，思考脈絡逐漸清晰，方才沖淡心中的種種疑惑。

「此非夢境？難道憑我一己之力，終不能助劉皇叔得天下？」諸葛亮像是自言自語，又像在問劉鋒。

「有了未來的金融知識，再加上先生的才智，我認為天下是唾手可得，有勞先生了！」劉鋒似乎認為諸葛亮的智商超過 180，而且他又急著回到未來確認結果，因此講沒幾句話就想離開。

「劉皇叔得天下，可為萬民之福？未來金融，真能助生民免於水火？」

「劉皇叔憂國憂民，眾所周知，有幸得先生相助而取天下，必是萬民之福。未來金融可以開啟民智，打破權貴士族的壟斷，將為後世帶來繁榮。」

劉鋒不覺地仔細打量著 26 歲的諸葛亮，年輕的諸葛亮不僅聰穎過人，更是懷抱捨我其誰的救世情懷。劉鋒不禁回想起求學時的自己，那個想以金融改變世界的少年，然而隨著核戰爆發，歷經生活上的挫折，他變得憤世嫉俗，腦中總是想著一腳將司馬恆踩在地下、前女友苦苦哀求的畫面。諸葛亮的赤子之心喚醒了劉鋒的初心，劉鋒不再急著踏上歸途，他緩緩地與諸葛亮步行於深山樹林之中，討論著如何將金融科技降臨於三國時代，促進當代的繁榮。幾隻小鹿從林間

竄出，在一旁徘徊，似乎也想聆聽兩人之間的對話。

「沒有網際網路就沒有金融科技！」劉鋒指出執行上最為困難之處。

「網際網路之功在於傳遞資訊，如能以人力構建網路，便是邁向金融科技的首步。」諸葛亮講完後突感冷汗直流，一剎那間，還誤以為自己中邪在胡言亂語。

「那就要想出誘因，吸引人力的投入。」

「嗯……」諸葛亮沉吟了好一會兒。「不只要有誘因，還得先有創新的事物方能吸引大眾目光，進而以誘因匯集人力。」

「除了科技之外，一般的金融知識和工具也要能普及。」

「你所指的是？」

「例如像是信用和槓桿，當然這得靠銀行比較容易辦到。」劉鋒對於以這種方式與諸葛亮交談，內心暗自覺得十分搞笑。

「此事相對容易，然而我憂心的是信用和槓桿遭到濫用，後果不堪設想。」

「金融是兩面刃，這是必然會發生的，所以必須善用制度和監管，才能把壞的那面給鈍化掉。」

「我覺得金融像把火，能助人也能傷人，而一不留神，便難以掌控。唉！金融可以暢旺經濟，也可以將世間一切化為灰燼。」

兩人本想再進一步交談，但遠方出現了一名童子，口中呼喊著諸葛亮之名，似乎遍尋不到主人，看起來頗為焦急。諸葛亮示意劉鋒速速離去，劉鋒則朝諸葛亮拱手作揖，啟程奔向那個自己熟悉且未知的年代。

第一回　比特幣

問諸葛貨幣為何物，
直教人生死相許

　　建安十二年冬（西元 207 年）至建安十三年春之間，話說劉備從水鏡先生司馬徽口中聽聞諸葛亮之才，後又有徐庶推薦，因此決定親自帶領關公和張飛前往隆中拜訪諸葛亮。一行人來到臥龍崗的一座莊前，只見到一位童子，童子說諸葛亮蹤跡不定，亦不知歸期。實際上，此時的諸葛亮頭痛欲裂，正離家散心，因為被「開外掛」之後，腦中古今智慧相互激盪，雖知劉備隨時可能到訪，但仍沒決定是否要提出三分天下的「隆中對」或是運用驚世駭俗的計謀來折服劉備。

　　親訪隆中卻沒能尋覓到諸葛亮的蹤跡，劉備心中不免感到失望，而關張二人也不滿地在一旁碎碎念，張飛更是不客氣地批評諸葛亮，並認為劉備不需為此村夫跋山涉水。劉備回到駐地新野不久，又迫不急待

地二訪諸葛亮，張飛沒好氣地跟隨劉備再度來到臥龍崗。這次，劉備隨著童子進入房門後，聽得一位少年吟詩，詩中意境甚高，劉備心中一喜，以為可以見到諸葛亮，但沒想到這位少年是諸葛亮的胞弟諸葛均。這時，張飛真的是按捺不住，忍不住怒吼了一聲。然而，此刻的諸葛亮並非外出，只是在茅房如廁並思考「隆中對」的內容。被張飛一吼，諸葛亮突然便祕，心情鬱悶，不想走出茅房見客。根據三國演義之中的情節，日後的張飛在長坂坡吼退百萬曹軍，還將曹操的隨身之將夏侯傑嚇到「脫肛」墜馬而死。由此觀之，諸葛亮還算頗有膽識，只被張飛嚇到輕微「縮肛」而已。諸葛均眼看兄長遲遲未出茅房，只好隨便糊弄劉備一下，回說家兄外出，不敢久留劉備。

劉備二訪諸葛亮未果，還是不願放棄，欲再三顧茅廬。關公和張飛越想越火大，皆想衝至隆中去圍堵諸葛亮，並用麻繩把他給綁回來。幾經劉備勸阻，兩人才勉強壓抑怒氣，陪伴劉備前往三顧茅廬。這一次，童子回報說諸葛亮正在睡覺。張飛一聽，怒髮衝冠，大喊要放火燒屋來逼諸葛亮起床。諸葛亮其實早已睡醒，只是仍未決定應對劉備的說詞，因此躺在床上裝睡。聽到張飛如此憤怒，諸葛亮有點猶豫是否應該起身迎接。突然，背後飛來一腳把他踹下床去，原來是

諸葛均眼看自己住的地方快要被燒了，生氣地要諸葛亮趕快出去。

諸葛亮不情願地整理衣冠出迎，為了避免場面尷尬，因此責罵童子怠慢不早回報。諸葛亮與劉備兩人相見歡，也先相互吹捧寒暄。當劉備謙虛地請教如何成就大業的時候，諸葛亮正要提出三分天下、東結孫權來力抗曹操的「隆中對」之際，眼角餘光瞥見關公面如紅棗、怫然不悅，張飛則圓睜環眼、倒豎虎鬚，兩人皆對諸葛亮怒目而視。此時，諸葛亮腦海中突然閃過比特幣的概念，心想「隆中對」這種打高空、短期難有成效的說詞，關張二人聽了絕對沒有好氣，恐怕想法尚未落實，自己就「被失蹤」了。

於是，諸葛亮開始滔滔不絕地講述「三軍未發，糧草先行」的觀點，強調戰爭是很花錢的，從招募士兵、整裝待發、情報收集、後勤補給，乃至戰勝後安撫軍民，戰敗後東山再起，都是需要投入大筆金錢當作後盾，才有辦法支撐逐鹿中原的美夢。雖說孫子兵法提到「取用於國，因糧於敵」，也就是說後勤從國內運輸，糧食可在敵國就地補充，這是一種以戰養戰的策略，但在東漢末年黃巾之亂後，戰爭頻繁、糧食缺乏，想用「因糧於敵」就妄想獲得足夠的補給，那

是相當不切實際的做法。劉備聽懂諸葛亮的重點，心裡也認同有錢才能打仗的觀念，但在古代，儒家思想盛行的情況下，以「錢」來統一中原的「情操」遠遠不及伸大義於天下，劉備不覺地微微皺眉。

　　諸葛亮讀懂劉備的臉部表情，於是接著以漢高祖劉邦為例來說服劉備。劉邦稱讚張良「運籌帷幄之中，決勝千里之外」、韓信「戰必勝、攻必取」、蕭何「給餉饋、不絕糧道」，而漢代建立後，蕭何卻是位居論功行賞的首位。為何如此呢？在楚漢相爭之時，劉邦輸多贏少，甚至誇張一點來形容，劉邦幾乎是屢戰屢敗。雖說屢戰屢敗，但劉邦卻又可以很快地奮起，組織一場又一場的戰爭，主要倚靠的是蕭何源源不絕的後勤補給，可以說是要人有人、要錢有錢、要糧有糧[註1]。反觀項羽一開始百戰百勝，最後卻經不起一敗而無顏面對江東父老，於烏江自刎。

　　說完楚漢相爭之後，諸葛亮輕描淡寫地述說著劉備從前的敗績。過去，劉備在徐州依附陶謙，屯兵於小沛，但小沛終為呂布所奪，劉備轉而出奔投向曹操。在曹操「煮酒論英雄」並將劉備視為假想敵後，劉備便藉口攻打袁術，逃離曹操的掌控。隨後，國舅董承的「衣帶詔」反曹計畫敗露，劉備亦牽涉其中。曹操

東征劉備，劉備又投奔袁紹。官渡之戰，袁紹戰敗，劉備便來荊州投靠劉表，駐軍於新野。然而，劉表之妻蔡夫人唯恐劉備奪取荊州，因此和掌握兵權的胞弟蔡瑁設計殺害劉備。劉備則是在被蔡瑁追殺、躍馬過溪之後，才遇到水鏡先生司馬徽，得知「伏龍」諸葛亮和「鳳雛」龐統。

　　諸葛亮邊說邊搖頭，感嘆著如有基本的錢糧，必有充足的兵馬與軍備，或許可以讓劉備穩住根據地。一旁劉關張三人不約而同地想起自己一身膽識、胸懷天下，但過去卻顛沛流離、寄人籬下的情景，不禁紅了眼眶。尤其劉備更是心有戚戚焉，因為不久之前，劉備酒後吐真言跟劉表說「備若有基本，天下碌碌之輩，不足慮也」，此話正與諸葛亮的說法相呼應。諸葛亮不斷地旁徵博引，細數錢財於戰爭中的重要性，同時也善用譬喻，把劉備描述成與漢高祖劉邦站在同一水平，自己則像蕭何一樣盡心輔佐，並且攤明了將「錢」這種庸俗之事攬在身上，把「伸大義於天下、復興漢室」的情操留給劉備發揮。劉備聽完，點頭如搗蒜，而關張二人的眉頭也逐漸舒展。

　　諸葛亮內心明白「談錢容易，賺錢難」，只憑這樣的說詞還是無法折服劉關張三人，自己出山之後，

「被失蹤」的風險還是很高，但假使一開始就提出比特幣這種高科技的先進觀念，結果不是聽者呆若木雞，就是自己當場被青龍偃月刀和丈八蛇矛給大切八塊。諸葛亮建議劉備發行新貨幣，一方面用以擴張兵力，一方面用來對付蔡瑁。光是發行新貨幣的想法，就已經令三人瞠目結舌了！看到三人的反應，諸葛亮慶幸自己沒有直接提出比特幣這種超越時空的構想。

　　為了說服劉備發行類似比特幣的貨幣，諸葛亮先從貨幣的本質談起。貨幣主要是用來當作交易的媒介、記帳的單位、價值儲存和延期支付的標準[註2]。諸葛亮想要更生動地解釋貨幣的功能，於是請劉備和張飛假設自己每天生產一種商品並且彼此交易。張飛聽到要玩這種扮家家酒的遊戲，不斷地猛翻白眼，但在劉備以眼神示意的情況下，張飛只好勉為其難，就說自己一天生產十罈酒，劉備則說一天可編五張草蓆，於是兩人開始模擬交易的過程。張飛敬重兄長，願意用十罈酒換一張草蓆，劉備則更是假掰，把所有草蓆都給張飛，卻不收半點酒，兩人相互謙讓，以至於大半天都無法成交。這一切都在諸葛亮的預料之中，因此他在模擬情境之中給予關公一座銅礦場，並要求劉備和張飛將商品訂價。

　　關公是個聰明人，他馬上懂得自己所扮演的角色，於是將銅鑄造成當時的貨幣，也就是五銖錢[註3]，用來收購兩人的草蓆和酒。在模擬情境的第二天，由於商品皆有訂價，劉張二人手上也有五銖錢，於是交易便能順利進行，貨幣做為交易的媒介和記帳的功能在此彰顯。此外，五銖錢還能做為價值儲存以及延期支付的標準，意思是說劉張二人皆可將所賺的五銖錢收存起來，在日後用來買草蓆和酒。因為草蓆和酒如果沒有適當地保存，將會損壞並逐漸喪失價值，但貨幣卻可先儲存起來，使得延後的消費行為有一個客觀的支付標準。

　　或許是久經戰亂，難得放鬆一下，三人越玩越起勁。關公發行大量的五銖錢，而張飛直嚷著錢的流通變多了，但草蓆和酒的產量卻是有限，因此慫恿劉備一同提高訂價，結果產生了通貨膨脹的現象。此一過程的發生乃是由於較多的貨幣追逐較少的商品，所以隨著貨幣供給的增加，五銖錢的購買力便會降低，而商品賣家則會拉高售價，方能確保所收的總額具有一定的購買力。通貨膨脹的現象提升了遊戲的熱度，於是諸葛亮順勢鼓勵他們玩下去。

　　又過了一段時間之後，張飛的興致驟減，開始感

到煩躁，但關公還在繼續濫發五銖錢。為了快點結束這場遊戲，張飛開始挑毛病，尋找遊戲中不合理的地方。就如同眾人所熟悉的書中情節，張飛有時也會被「雷」打到，腦袋突然變得很靈光。他認為自己和劉備辛苦地釀酒裝罈和編織草蓆，每天的產量固定，而關公卻可以輕鬆且無限制地發行貨幣來收購他們的商品。張飛越講越火大，還說酒和草蓆因為貨幣發行太多而越來越貴，現今存下的五銖錢在將來花費的時候會變得沒有價值，因此他拒絕接受關公的五銖錢，轉而要跟劉備以物易物。關公眼見張飛直接朝他嗆聲，氣得雙手緊握青龍偃月刀。諸葛亮知道遊戲再進行下去的話，「桃園三結義」就會變成「隆中三結怨」，而且諸葛亮也達到要他們玩遊戲的目的，於是趕緊叫停。

　　諸葛亮要三人先坐下，然後喚來童子，沏上一壺熱茶。接著，他說到貨幣常令人又愛又恨，就好像談戀愛一樣，少了它就不知如何過活，擁有太多卻又不會珍惜。這四個大男人席地而坐，聊些情愛之事，光想就讓人渾身不舒服，更何況還是真實上演呢！諸葛亮原想緩和一下緊張的對峙，卻沒想到把氣氛搞得有點尷尬，所以他隨即再切回正題，趁三人對模擬遊戲記憶猶新的時候，再討論發行貨幣的提議。諸葛亮認

為發行新貨幣的重點是要能夠取得認同，使用者要信任新貨幣可以做為交易的媒介、記帳的單位、價值儲存和延期支付的標準。然而，在五銖錢已經普及的情況下，新貨幣只有這些功能是不夠的。要令新貨幣具有吸引力，新貨幣就該擁有勝過五銖錢的特點。

在模擬遊戲之中，五銖錢可以毫無限制地發行，就像三國英雄們所在的時代，五銖錢不但沒有固定的發行數量，還有不法之徒會去私鑄偽造。因此，諸葛亮提出新貨幣要有固定發行量、無法偽造的特點，甚至不僅是交易商品的媒介，而且新貨幣本身就是一項會被追捧的投資。最初先發行少量的新貨幣，在價值受到認同並且上漲之後，再持續發行至最高限額，則劉備將可要人有人、要錢有錢、要糧有糧了！諸葛亮越講越興奮，把遠景形容得越來越美好，令劉備沉醉在坐擁江山的氛圍之中。在諸葛亮口沫橫飛之際，張飛冷冷地說：「怎會有此種錢幣？」

「有，比特幣！」諸葛亮再也忍不住，脫口而出！諸葛亮能夠說出此番道理，是因為體認貨幣的價值來自「信任」和「認同」，而這份體認則是源於腦海中浮現出的一座小島，小島之名為雅浦島（Yap）。在 19 世紀的雅浦島，島上居民從遠方開採石灰岩做成石頭

幣，有些石頭幣的直徑甚至長達四公尺，直徑與質地代表著不同的價值。島上居民在進行買賣時，不需搬運石頭幣，只要移轉所有權即可。正是對於石頭幣的流通方式「信任」和「認同」，因此就算有戶人家的石頭幣沉入海底，在島上居民的見證下，這個海底的石頭幣仍可用來交易[註4]。

比特幣橫空出世，
完勝百萬雄兵

　　當諸葛亮一說出比特幣三個字之後，立即感到懊悔。看到眼前三人一臉茫然的模樣，諸葛亮要求三人先休息一會兒，喚來童子端上茶點後，披上一件道衣，逕自往門外走去。門外的一片草地上，有一座小祭壇，諸葛亮緩步登壇，焚香於爐，注水於盂，口中唸唸有詞。須臾之間，一陣東風迎面而來，飄來清新的空氣，他深吸一口，整理腦中混亂的思緒，思考如何將比特幣用在科技落後的時代。

　　諸葛亮的腦中浮出有關比特幣的知識。比特幣是由化名為中本聰的人所發明的，在中本聰的論文（或稱比特幣白皮書）之中提到[註5]，世界需要的是一個以加密證明取代信任的電子支付貨幣，並允許任何達成共識的雙方可以直接交易，不需有受信任的第三方參與，

從而降低交易成本，這是一種去中心化的電子貨幣，也就是比特幣。比特幣透過區塊鏈、多點認證的技術，使得交易難以逆轉或造假。

區塊鏈就像開放透明且分散的帳冊，帳冊中的每一頁就像一個區塊，記錄著比特幣的所有交易，每一頁的交易都與前後頁呈現連續性的記載，如同將區塊串聯成一條鏈。多點認證就像許多人持有內容相同的帳冊，記錄著比特幣的序號和交易細節。由於存在多點認證的技術，所以比特幣難以偽造，交易內容難以逆轉，因為想做手腳的話，便要找到多個帳冊擁有者並且更改多本帳冊內容。雖說比特幣的帳冊是公開透明的，任何交易會向各個帳冊擁有者「廣播」，但帳冊記錄的重點是交易本身而非交易雙方。交易雙方在加密技術下，不需透露身分，因此比特幣具有匿名和保護隱私的特點。

諸葛亮的腦袋快速地轉動著，他從身上拿出一把羽扇，輕輕地搧了一下，搧來陣陣涼風，也搧出一個想法。雖然身在古代，沒有發達的網路科技，但仍可將比特幣的若干特點運用在新貨幣之上，像是比特幣具有固定的發行量，也就是不會超過 2100 萬，還有去中心化的運作過程，也就是透過多方認證以及參與者

的維護，才能令比特幣順利發行和交易，並獲得信任和認同。此外，匿名交易和隱私保護更是比特幣吸引人的特點，但由於在三國時代，並不重視匿名和隱私，因此諸葛亮仍需想出新貨幣的特殊賣點，藉以吸引人們持有和交易，甚至營造出一種追捧新貨幣的氛圍。諸葛亮想起在模擬遊戲之中，由關公發行貨幣的情形，突然心生一計。

雖有初步的計策，但是諸葛亮還有一道難題要處理，那就是架構多點認證和比特幣的產出方式。為了鼓勵多方參與認證，中本聰的論文提到了「挖礦」這個名詞，這是因為獲取初始比特幣的過程類似於開採礦物。認證和維護比特幣的參與者被稱為「礦工」，「礦工」的獎勵便是得到從區塊之中新發行的比特幣，這就好比礦工耗費體力採礦，而比特幣「礦工」所耗費的「體力」則是 CPU 的運算時間和電力。在沒有中央權威機構或受信任的第三方發行貨幣的情況下，「挖礦」提供了比特幣產生的方式。然而，在古代的環境裡，想要架構出這種模式是很傷腦筋的。還好諸葛亮在祭壇上「借東風」後，涼爽的微風不時地吹來，令他全身舒暢，思路卡關之處不斷地迎刃而解。他笑容滿面地走回屋內，開始與劉備暢談新貨幣的構想。

　　劉備仍沒忘記諸葛亮走出門前所說的比特幣，因為當時諸葛亮的語氣激動，劉備知道比特幣將是他翻轉人生的關鍵。「比特」是由英文「位元」這個字所翻譯過來的[註6]，而位元是電腦資料的基本單位。諸葛亮內心明白如要解釋這類科技名詞，在當時是無法辦到的，他只好說比特幣是比較特別的貨幣，由於暫時還沒想到如何命名，因此先把新貨幣稱為比特幣。諸葛亮接著陳述比特幣的特點，有別於當時流通的五銖錢，比特幣並非官方發行，交易過程也不需透過具有權威的第三方介入，這種新穎的模式絕對是前所未見，因此容易引起人們的興趣。

　　在此同時，諸葛亮也解釋「礦工」的概念，建議將願做「礦工」的百姓引至驛站附近。驛站是古代傳遞軍事情報的官員飲食住宿以及更換馬匹的場所，周圍設施有助於「礦工」接收和傳遞比特幣的交易訊息。「礦工」各自持有帳冊，一方面記錄比特幣的交易，另一方面也積極地收集資訊以補缺漏。「礦工」認證和維護交易所做的貢獻，將會按照他們的努力程度和投入時間給予新發行的比特幣做為獎勵，而「礦工」也可從比特幣的交易中收取佣金。如此一來，越來越多人將有興趣投入「採礦」的行列。在更多人持有內容相同的帳冊之後，比特幣或相關交易將難以造假，

也就是說比特幣不會有偽幣的產生，因此人們就更信任比特幣，進而樂於持有和使用。除此之外，比特幣不可隨意發行，總量也有上限，相對於五銖錢可以任意鑄造，比特幣較無貶值風險。

諸葛亮建議劉備先發行並持有一定數量的新貨幣，其他新貨幣則藉由「挖礦」產生。因為具有優於五銖錢的特點，新貨幣將受追捧而大漲，劉備所持貨幣的價值也會水漲船高，屆時運用新貨幣來招兵買馬、築牆積糧，效果更勝坐擁百萬雄兵。諸葛亮說到這裡，忍不住哈哈大笑，劉關張三人頓了一會兒，雖然聽得一愣一愣的，但受到現場氣氛感染，也只好乾笑幾聲。見到三人的反應，諸葛亮被「開外掛」的腦子出現一連串的影像，一顆像是丸子的東西在桌上彈跳，然後畫面跳到一個人正跟黑道老大和暴牙女講述創業大計，內容是說要用瀨尿牛丸開分店、上市、分拆，接著老大和暴牙女就似懂非懂地傻笑。諸葛亮當然不知道這是電影《食神》的劇情，只覺得眼前的景象跟腦中的情節相似。

萬事俱備只欠東風！諸葛亮這樣告訴劉備。當然，這個東風不是指諸葛亮可以借到的「東風」，而是指新貨幣的賣點必須具有吸引人的魔力，諸葛亮笑說這

個「魔力」稱作「免死」。說到這裡，諸葛亮順便將新貨幣改名為「免死幣」。此時，關公突然起身，半信半疑地說「豈有此種免死幣？誰可令持有者免死？」

有，就是你！諸葛亮手指關公。

有賴關公賜免死，
萬人空巷搶新幣

　　諸葛亮細數關公的豐功偉業，從黃巾之亂開始，關公將程遠志砍為兩段；討伐董卓之時，手提華雄的頭擲於地上；在劉備為曹操所敗之後，為了保全劉備的兩位夫人，屈身於曹操，並助曹操刺死袁紹大將顏良與文醜；到最後離開曹操去尋劉備，關公千里走單騎，過五關斬六將。關公馳騁於沙場，對戰者無不嚇到肝膽俱裂。因此，當劉備發行一定數量的免死幣，而持有者遭遇關公時將不會被他斬殺，則免死幣必然大受歡迎，也會是個很好的炒作題材。沒等關公開口，張飛就急著抗議，講述自己驍勇善戰、殺敵無數，質疑為何不以他之名來發行免死幣。

　　諸葛亮頓了一下，喚來童子添加茶水，並在童子耳邊低聲囑咐。接著，諸葛亮開始以張飛的脾氣暴躁

為切入點，說明張飛不適合與免死幣有所關連。諸葛亮似乎為了激怒張飛，還列舉出一些陳年往事，像是劉備於黃巾之亂建功後，獲得縣尉之職，但一位巡視的督郵卻羞辱劉備，張飛知道後則氣不過，縛住督郵鞭打，逼得劉備只好棄官出逃。此外，諸葛亮還提到徐州曹豹婉拒與張飛喝酒之事，結果卻被張飛鞭打，導致曹豹心生怨恨，引呂布之兵偷襲徐州，令劉備再失根據地。張飛越聽越生氣，但為了不讓諸葛亮證明他脾氣暴躁、經常誤事，只好把怒氣壓抑在心裡。就在此時，童子端著茶水前來，不知有意或是無意，一個踉蹌將熱水灑在張飛臉上。張飛怒極，理智斷線，一腳踢翻眼前的茶几，餘氣未消的他，繼續打爛周圍所見的一切，屋內瞬間一片狼藉。劉備極力勸阻，並頻頻向諸葛亮道歉。眾人見到眼前的景象，都覺得張飛的確不適合跟免死幣有關。

　　雖說諸葛亮略施小計，達到所要的效果，但張飛的壞脾氣仍是超乎他的預期。為了避免結怨，諸葛亮好言安慰張飛，希望藉由他的勇猛善戰，令持有關公免死幣的敵人終究難逃一死。張飛有個台階下，也就不在糾結自己與免死幣是否有關了。關公在旁認真地想了一想，明白了發行免死幣之後，在戰場上的他不僅殺得不痛快，也會有所顧忌。然而，這樣的方式的

確可以幫助劉備籌措錢糧，穩住新野的地盤。

　　關公知道諸葛亮選中他的原因，因為他不僅是戰神，更重要的是他具備信守承諾的人格特質，也不太會衝動行事。除此之外，諸葛亮還多了一個心眼，那就是只要免死幣的價值越來越高，關公戰死沙場的機率就越低，因為持有免死幣的投資者和敵營將領必定竭盡所能避免關公身亡，否則手中的免死幣將會變成破銅爛鐵。諸葛亮為了保全關公的面子，不將此事說破，但劉備內心卻十分清楚，也很滿意這樣的設計。此番隆中之行，劉備所獲甚豐，他喜迎諸葛亮返回新野，準備大展拳腳。

　　在諸葛亮的協助之下，劉備宣告將以關公之名發行免死幣，而最終發行總數不會超過 2100 枚。免死幣透過工匠們精心地鑄造，正面為關公美髯飄逸的圖像，背面則寫著「免死」兩個大字，字下則是一連串的序號，每枚免死幣的序號皆不相同。諸葛亮一開始鑄造 210 枚免死幣交由劉備持有，其餘則由「挖礦」的方式產生。在諸葛亮的建議之下，劉備將幾枚免死幣送給荊州之主劉表，一方面感謝劉表雪中送炭，收留自己，另一方面，免死幣的運作仍需劉表的協助才能順利進行。此外，諸葛亮也代表劉備贈與蔡瑁一枚免死

幣，希望藉此降低蔡瑁對於劉備的敵意。收下免死幣之後，劉表感到相當地好奇，也希望手中握有的免死幣能夠飆漲，因此授意屬下配合諸葛亮的指示，令免死幣的流通可以大行其道。

　　為此，諸葛亮特別訓練了一群人，開始在荊州境內的市集和驛站宣傳免死幣的概念。沒過多久，一批又一批有生意頭腦的「礦工」突然出現在人潮擁擠之處或是驛站附近，而這些地點就逐漸成為多點認證的「節點」。與此同時，劉備拿出免死幣來從事交易，開啟了免死幣的流通。跟比特幣的首筆交易相比，免死幣可以說是「一飛衝天」。比特幣的首筆交易是用一萬枚比特幣買了兩個披薩註7，但劉備卻只用數枚免死幣就買入一處府邸。由於荊州的豪門望族認為免死幣極具投資前景，並且也想討好劉備，因此同意劉備以免死幣來做交易。免死幣一開始就有了很高的價值，於是很快地創造出需求和投機的炒風。

　　「礦工」正式開工，記錄著交易內容，這些消息則透過飛鴿傳書或快馬傳遞送至其他擁有帳冊的地點。當曹營將領們得知免死幣的消息之後，便私下派人籌錢前往荊州收購免死幣，為自己的將來準備一張保命符。不僅如此，還有一些懼怕關公的江東和益州將領

也來探聽免死幣的行情。這些情形經過諸葛亮刻意地渲染，使得越來越多的商人和投機者參與免死幣的交易。為了獎勵「礦工」以及促使更多免死幣流入市面，諸葛亮設計了詳細的工作量證明機制，使得「礦工」的投入時間和努力能夠獲得相對應的免死幣。此外，「礦工」還可針對免死幣的相關交易收取佣金。俗話說「殺頭的生意有人做，賠錢的生意無人做」，尤其是這種「關公殺頭」的生意更是人人搶著做。荊州這盤生意吸引了不少異地的平民百姓，有的人隻身前往荊州「挖礦」，有的人甚至舉家遷移。

經過一段時間的運作，免死幣的交易開始出現問題，而這類問題也曾經發生於比特幣。根據中本聰的論文，比特幣的交易將會組成一條不斷延伸的鏈來記錄每筆交易，也代表「礦工」所投入的工作量。只要誠實「礦工」投入的工作量大過攻擊者，就會產生一條最長而受信賴的鏈。換句話說，比特幣也有可能遭遇攻擊者破壞或者偽造交易，但中本聰認為獎勵機制將會鼓勵人們成為「礦工」而非攻擊者。另外，中本聰還提出機率的運算，指出攻擊者可以追趕上「誠實鏈」的機率極低。在劉備發行免死幣之後，雖有「礦工」積極參與，但也有存心不良的小團體化身為攻擊者，想要偽造帳冊交易，而結果終究不敵眾多「礦工」

所累積的工作量。在諸葛亮設計的獎勵機制下，這些小團體發現自己用來偽造帳冊的報酬還不如誠實地去當「礦工」。因此，免死幣初期所產生的弊端逐漸消失。

諸葛亮為了鼓勵更多人加入免死幣的「採礦」行列，進一步削弱人們想當攻擊者的意願，也順便加強免死幣的宣傳效果，因此找來周倉授予一計。周倉曾經當過山賊，在遇到關公之後，立即成為關公的忠實追隨者。周倉尋得過去的一名同夥，此人姓張。周倉交付張某一筆錢去買免死幣，並要他故意被一個猖狂的山大王所擒獲。張某為求活命，向山大王誇稱自己人脈廣闊，掌握不少官府運送財貨的消息，而幾次提供的情報皆相當準確，因此山大王硬留張某於山寨之中，並逼他落草為寇。

一日，張某聲稱一名小吏將會押送官餉路過山頭，張某勸說山大王親自前往，山大王不疑有他，帶著張某和一班手下埋伏於山路。沒過多久，果真見到數名官兵推著看似厚重的木箱。山大王命令張某為前鋒率眾殺去，自己則緊跟在後。一名官兵眼見情況危急，衝去打開木箱，從中拿出青龍偃月刀朝著張某虛晃一招。原來這名官兵正是關公所扮，張某像是排練好似

的，抓準時機亮出免死幣。關公要求左右生擒張某，接著逕自奔向山大王。山大王嚇得魂不附體，逃沒幾步就被關公所斬殺，其餘山賊則四處亂竄，而關公也不刻意追趕。張某被關公帶回，經過許多「礦工」確認身分和免死幣的序號後，關公便釋放張某。

此事在有心人士和逃走的山賊大肆宣揚下，免死幣的價值更加水漲船高。不少「礦工」還想出了更多的活來幹，有的「礦工」為了增加工作量，開始畫起免死幣持有者的相貌，有的「礦工」甚至直接帶領周倉前往認人，避免關公誤殺免死幣的持有者。在「礦工」的努力和創意發揮之下，免死幣的認證過程逐漸趨於完備。

經過這些事件之後，劉備手上的免死幣只剩一百多枚，但每一枚免死幣的價值已比首次發行之時上漲數倍。雖說這筆錢還不夠劉備用來統一中原，但是拿來當作第一桶金卻是綽綽有餘。在諸葛亮的協助下，劉備將免死幣用於招兵買馬，做為穩固新野、擴張版圖的起點。諸葛亮看到劉關張三人對自己心悅誠服的模樣，內心感到踏實許多。然而，他卻不敢因此自滿，因為接下來他的敵人將是荊州極具影響力的蔡瑁。雖然他擁有更厲害的殺手鐧，但此舉成敗攸關劉備能否

入主荊州，諸葛亮心中略感忐忑，不知該從何下手。
正當苦惱之際，劉備突然請他拜訪荊州大公子劉琦。

　天助我也！諸葛亮莞爾而笑。

參考資料（註）：
1. 蕭何，維基百科
2. William Stanley Jevons, Money and the Mechanism of Exchange, 1875
3. 嚴格來説，劉備三顧茅廬之時，當時的貨幣為董卓小錢，乃是董卓毀壞五銖錢更鑄小錢。此外，他還毀掉洛陽城內的銅器等物來鑄錢，導致錢品惡劣，物價飆升。直至建安十三年，曹操成為丞相之後，才恢復五銖舊錢，但貨幣流通量已不復當年充裕。資料來源：陶元珍，三國食貨志，1934
4. 黃志典，貨幣銀行學：理論與應用，2011
5. Satoshi Nakamoto, Bitcoin: A Peer-to-Peer Electronic Cash System, 2008
6. 比特幣的英文是 Bitcoin，bit 便是位元
7. Forbes, A Complete Beginner's Guide To Bitcoin In 2018, 17 Jan 2017

第二回
信用、槓桿、複利

人無信則不立，
劉琦無信用則沒命

　　根據三國演義的劇情，劉表曾向劉備哭訴家事。劉表提及劉琦是前妻所生的長子，為人雖賢，但是個性軟弱，而後妻蔡夫人之子劉琮，頗為聰明。劉表想要廢長立幼，卻恐違反禮法，但如果將荊州基業交給劉琦，又擔心蔡夫人和蔡瑁姊弟二人手握兵權，支持劉琮奪位，結果會令骨肉相殘。當時的劉備建議劉表不可廢長立幼，應該逐漸削弱蔡氏兵權。此番說法被正在屏風後面的蔡夫人聽到，因此與劉備結怨更深。然而，蔡氏姊弟在劉表屢次維護劉備的情況下，暫時也對劉備無可奈何。在諸葛亮代表劉備送上免死幣，並且不時遣人送禮之後，蔡氏姊弟對於劉備的仇恨方才稍稍緩解，但是劉琦可沒這麼幸運，他常年生活在恐懼之中，隨時擔心被蔡夫人暗算。劉備不忍劉琦受苦，私下教他如何取得諸葛亮的幫助，並藉故要求諸

葛亮前去拜訪劉琦。

　　諸葛亮是個標準的「不沾鍋」，不喜歡介入別人的私事，但這件事對他來說卻是家務事。原來蔡瑁有兩個姊姊，二姊嫁給劉表，長姊則是嫁給黃承彥，也就是諸葛亮的岳父。為了劉備的霸業，諸葛亮甘冒被妻子毒打、跪算盤的危險，下定決心要狠狠地攪和這檔家務事。諸葛亮明白劉備派他會見劉琦的意圖，而他心中的計策也正好就此展開。

　　劉琦見到諸葛亮來訪，想起劉備所授予的小伎倆，便邀諸葛亮到後堂密談，隨後直接要諸葛亮救他。在諸葛亮的印象中，劉琦個性柔弱，但此次單刀直入的氣勢，著實令他有點嚇到。不過諸葛亮還是按照他排好的劇本來演，他假意推辭劉琦，明言不願介入骨肉相殘之事。劉琦再三請求，諸葛亮還是不願多言。這時，劉琦岔開話題，提及自己有本古書，想給諸葛亮觀看，引諸葛亮登上小樓。諸葛亮先走上樓，劉琦在樓下又把話題拉回蔡氏姊弟身上。諸葛亮想要下樓，劉琦立馬撤下樓梯並拔劍作自刎狀。諸葛亮原本以為劉琦會苦苦哀求，但沒想到他居然耍起狠來。諸葛亮眼見劉琦走到這一步，時機已經成熟，應該能夠按照吩咐行事，於是便說明自己的計策。

　　諸葛亮認為只要劉琦仍有爭奪繼承之意，性命就隨時不保，因此建議劉琦棄政從商，一方面做大生意，幫助劉表振興荊州經濟，另一方面藉此結交豪門望族，厚植堅強後盾，此乃「進可攻、退可守」之計。劉琦聽在耳裡，內心有點猶豫，但諸葛亮成功地發行免死幣、聲名遠播的過程是他親眼目睹的，所以他就不再胡思亂想，謙卑地請教諸葛亮要他從事何種生意。金融信用！諸葛亮這樣回答。

　　建安十三年（西元 208 年），曹操成為丞相，罷用董卓更鑄的五銖錢（又稱董卓小錢），還用五銖舊錢。根據晉書食貨志記載「是時不鑄錢既久，貨本不多，又更無增益，故穀賤無已」，這說明了當時錢幣流通稀少，產生物價下跌、通貨緊縮的現象[註1]。通貨緊縮的現象若是持續存在，則經濟自然呈現衰退。諸葛亮要求劉琦經營金融信用的生意，便是希望促進荊州經濟繁榮，以利劉備接收後的統治，同時「挖洞」給蔡氏姊弟跳，此乃「一石二鳥」之計。

　　諸葛亮賣出更多的免死幣並借錢給劉琦廣設錢莊，錢莊類似今日的銀行，從事存款、擔保貸款和信用貸款的生意。諸葛亮教授劉琦以高利率吸收存款，然後以更高的貸款利率貸放出去，這樣便可賺取其中

的利差。為了避免存戶同時提錢或擠兌，諸葛亮訂下存款準備率為 20% 的規定，也就是每存一筆錢，錢莊只可貸放出其中的 80%。由於士、農、工、商皆有消費和經商的需求，因此劉琦的借貸生意蒸蒸日上。透過錢莊的存放機制，也就是 100 塊錢存入錢莊，80 塊錢貸出，80 塊錢再存入後又貸出 64 塊錢，如此周而復始，將使貨幣供給提升至原本的 5 倍[註2]。然而，錢莊火紅的生意更加突顯五銖錢供給不足的問題，諸葛亮要求劉琦以錢莊信用為擔保來發行錢莊票據，荊州至此產生五銖錢、劉琦錢莊票據和免死幣並行的現象，同時也消除了通貨緊縮，經濟則日趨繁榮。

對於引進金融信用、解決通貨緊縮的過程，劉琦有種「當局者迷」的困惑。諸葛亮進一步解釋，如果欠缺存放機制創造貨幣供給，也沒有發行錢莊票據的話，市場上的貨幣少而商品多，固定的貨幣存量無法收購所有的商品，則商品自然跌價，跌價雖令生產者的供給減少，但消費者也會期待物價下跌而延遲消費，經濟就會低迷不振，甚至呈現衰退。諸葛亮提及過去曾跟劉備、關公和張飛進行模擬遊戲，並用此例來說明，關公鑄造更多的五銖錢之後，劉張二人的草蓆和酒就開始漲價了。聽完此番說明，劉琦感到茅塞頓開。

　　緊接著錢莊開展生意，諸葛亮要求劉琦發行欠條本，目標則選定信用較好的豪門望族。劉琦錢莊的欠條本可讓手頭吃緊的持有人先消費，寬限一段時間之後再償還，期間則會收取高額利息。欠條本類似今日的信用卡，持有人消費時簽下一張欠條交給商販，商販則拿欠條跟劉琦錢莊請款，劉琦錢莊則根據欠條上所寫下的利率和時間來收帳。由於欠條本的持有人經過事先審核，而且都是相當愛惜聲譽的名人，因此諸葛亮並不擔心他們欠錢不還，或者總的來說，至少賺來的利息勝過無法收回的爛帳。在諸葛亮的指示下，劉琦還親訪蔡夫人，並贈送一本厚厚的欠條本，讓蔡夫人可以隨心所欲地花費，藉此抒解彼此緊張的關係。劉琦在諸葛亮傳授現代金融的過程，對於艱深觀念的理解感到萬分痛苦，一度想說乾脆被蔡夫人暗殺還來得痛快。

　　劉琦在經營錢莊之前，曾與父親劉表深談。劉琦知道，凡是與劉表之間的重要談話，蔡夫人總在屏後偷聽。劉琦表達自己不善於治理州郡，遇事又不如劉琮敏捷果斷，因此希望劉表能立劉琮為繼承人。劉琦接著提及經營錢莊的計畫，劉表微微皺眉，但在了解劉備和諸葛亮背後相助的情形之後，也就默許了劉琦的決定。蔡夫人如願以償，雖然沒有完全解除戒心，

但也不再積極密謀對付劉琦與劉備。

在三國演義裡，劉表的死期正好就在曹操興兵荊州的建安十三年。這一年，劉表生了重病，而諸葛亮在看透劉備「假掰」的性格之後，知道劉備不可能趁人之危奪取荊州。諸葛亮深感危機迫在眉睫，在鬥倒蔡氏姊弟之前，劉表絕不能死。此外，蔡氏姊弟眼見劉表病重而曹操有意南征，開始產生「獻荊州」給曹操的念頭。尤其在諸葛亮火燒博望坡、擊退曹軍大將夏侯惇之後，荊州朝野更加擔心曹操將派大軍壓境。為了爭取更多時間，令劉備順利入主荊州，諸葛亮一面派人尋訪名醫、收集珍貴藥材來為劉表續命，一面積極賄賂曹操的謀士，意圖暫緩曹操征伐荊州的行動。然而，曹操的謀士大多忠心耿耿，而曹操為人也多疑，所以此計成效有限。

諸葛亮得知賄賂之舉難以奏效，隨即砸錢不手軟，遣使前往遼東拜見鮮卑首領軻比能[註3]，贈送金帛要求軻比能率眾騷擾北方，還允諾事成之後再餽贈免死幣數枚，於是軻比能開始侵略北方邊境。在此同時，諸葛亮輔以銀彈攻勢並於北方士族之間引發爭論。曹操考量北方未定、夏侯惇新敗、劉表病情好轉，而朝野對於用兵荊州一事又頗多雜音，因此決定暫緩南征。

　　諸葛亮自知換得的時間有限，曹操可能隨時改變心意。在錢莊生意步上軌道之後，他要劉琦將錢莊的持有權換成類似股票的票據，並低調地賣出大部分股權給予荊州的豪門望族，劉琦只保留小部分股權，降格為小股東。這些豪門望族看到錢莊大發利市，無不爭先恐後地掏錢認購股權，想要分享豐厚的利潤。由於不懂錢莊的經營方式，他們還是委託劉琦繼續主持錢莊。諸葛亮見到進展順利，感到相當欣慰，也深信初步的布局已經完成。

　　可是時間不夠了，信用、槓桿、複利一起上吧！諸葛亮把心一橫。

蔡瑁得槓桿，
大意失荊州

　　建安十三年乃多事之秋，為劉表鎮守江夏的黃祖被孫權軍所殺。孫權與黃祖是世仇，孫權的父親孫堅過去在袁術的命令下征伐荊州，劉表便派黃祖迎戰。黃祖雖然戰敗，但部屬卻於山林間偷襲孫堅，孫堅身中亂箭和山石而亡，屍首被劉表軍帶回城中。之後，黃祖遭遇孫堅的部屬黃蓋，並被黃蓋生擒。劉表為了換回黃祖，便交出孫堅的屍首，也錯過趁勢進軍江東的機會，而雙方就此結下不解之仇。建安十三年，黃祖的身亡為荊州政局帶來了明顯的轉變。雖說黃祖給人不善征戰的印象，但他卻是劉表的心腹之交，屢次協助劉表抵禦孫氏一族，更重要的是，黃祖是荊州的反曹派，也是劉琦的擁護者。黃祖死後，親曹勢力抬頭，於是劉備積極地夥同劉琦吸收反曹人士，諸葛亮更利用劉琦錢莊來拉攏中立派，甚至策反親曹陣營。

在諸葛亮的指示下，劉琦將錢莊股權賣給特定友好的荊州豪門望族，條件是要他們保守股權轉移的秘密，並配合若干諸葛亮的行動。劉琦以荊州大公子的身分來發行錢莊票據、從事借貸生意，從荊州富豪的眼裡看來，根本就像合法鑄幣發鈔的無本生意。然而，由於欠條本的信用交易正處起步階段，富豪們尚難評估成效，甚至有所疑慮。劉琦告訴他們，在正常收帳的情形下，這是一門獲利率更高的生意，但不管如何，欠條本的生意可以促進信用消費、繁榮經濟，令原本的借貸生意更加火紅，而且使用欠條本的持有人大多皆是豪門望族，他們必須經常與錢莊商議還款時間與條件，在困難時還要拜託錢莊通融，這令錢莊在荊州握有廣泛的政經影響力。

擁有錢莊就等於掌控荊州的錢與權，對於荊州的豪門望族來說，錢莊是他們夢寐以求的利器，因此當劉琦提出種種要求時，他們幾乎照單全收。幾經數次密談，擁有股權的豪門望族開始發動「夫人外交」，派出妻妾向親曹陣營的夫人們推銷欠條本。由於蔡夫人收到劉琦的欠條本之後，使用得相當地開心，劉琦也不時幫她無償注銷欠條，因此蔡夫人的欠條本簽得更兇了，她在各種場合總是呈現雍容華貴的模樣，所以欠條本在「夫人幫」之中，自然地成為一種流行和

地位的象徵。

欠條本的流行並無引起親曹陣營的注意，反倒在黃祖身亡之際，蔡瑁更加留意劉備的一舉一動。劉琦在賣出錢莊股權後，將開設錢莊的借款還給劉備，劉備則用這筆錢來擴充軍備。蔡瑁發覺，劉備不僅招兵買馬，還在打造大量船艦。蔡瑁臆測，劉備想要針對曹軍不善水戰的弱點，將戰場重心移轉到水面上，而諸葛亮也順勢散布這樣的消息。蔡瑁擔心，屆時劉備如果擁有強大的兵力，則荊州將會成為他的囊中之物，而蔡氏一族便無處容身。然而，諸葛亮所要的並不只是蔡瑁的恐懼，而是要用恐懼令他自掘墳墓。諸葛亮為了充分發揮計策的成效，他必須尋找一個相當聰明而且表面上和蔡瑁利益一致的人。

馬良！諸葛亮的心中浮出這個名字。「馬氏五常，白眉最良」，沒錯，就是他！諸葛亮隨即啟程前往襄陽宜城拜訪馬良。根據南朝劉宋的裴松之為《三國志》所作的注[註4]，裴松之認為馬良與諸葛亮的交情頗深，可能有結為兄弟或親家的關係。雖然馬良在建安十四年才正式投身於劉備陣營，但同屬荊州名人，馬良與諸葛亮應該早有往來。兩人低調在馬府會面，諸葛亮從言談之中感覺出馬良也是劉琦的支持者，或者說至

少他絕不屬於親曹陣營。於是，諸葛亮先稱讚劉備乃是仁義之人，不忍趁劉表病重奪取荊州，接著懇請馬良以荊州生民為念，支持劉備將來入主荊州。兩人相談甚歡，直至夜幕低垂，仍秉燭達旦。為了取得馬良的信任，諸葛亮展現對抗蔡瑁的決心，將計畫毫無保留地告訴馬良。馬良聽完之後，便決定不計個人毀譽，義助劉備與諸葛亮。

馬氏家族是荊州的望族，馬良的聲譽更是聞名遐邇。最重要的是，馬良一向沒有顯露自己在劉表繼承人之爭的立場。近日，馬良積極往來各大家族，不時提及馬氏家族蒸蒸日上的生意，由於經營有成並刻意將消息傳至蔡瑁耳裡，引發蔡瑁的好奇。欠條本令蔡家的夫人們花錢如流水，雖然蔡氏家族財力雄厚，但蔡瑁多少還是感受到些許財務壓力，也不禁想要多賺點錢。

在一次宴席中，蔡瑁將馬良拉到一旁，請教生財之道。馬良告訴蔡瑁，諸葛亮的免死幣吸引了大量的「礦工」遷移到荊州，荊州急需更多傳遞消息的客棧和市集。此外，「礦工」和他們的家眷也需要住所，還需要土地耕種賺取外快。馬良預期土地需求和使用率將會暴增，因此他將土地抵押給劉琦錢莊貸款，並

以貸款買進更多土地，為馬氏一族賺進不少錢。蔡瑁
對於財務操作陌生，所以請求馬良進一步說明。馬良
建議蔡瑁可將蔡家土地抵押，從錢莊貸款後再買土地
放租，並反覆貸款和買地，如此便可用 1 塊錢做 10 塊
錢的生意，這就是槓桿操作。

蔡瑁追問馬良是否已將槓桿做到極致，馬良吞吞
吐吐地說自己不想令人認為馬氏一族太過貪財。蔡瑁
不信這個理由，繼續逼問下去。馬良嘆了一口氣，承
認自己其實是擔心曹軍南下、烽火連天，因此不敢將
槓桿放得太大。蔡瑁眼見機不可失，積極遊說馬良加
入親曹陣營。蔡瑁誇稱幾乎所有大家族皆已同意擁立
劉琮，並將荊州獻給曹操，屆時兵不血刃，各大家族
的基業才不會受損。

馬良點了點頭，沉吟了好一回會兒之後，便在蔡
瑁耳邊低聲密語。馬良認為獻上荊州之後，曹操必會
審視各大家族的貢獻，為了奪得首功，希望蔡氏和馬
氏能夠攜手合作，現在便要開始打造船艦，屆時一併
獻給曹操。由於劉備正在籌備水戰，曹操勢必急需為
數眾多的船艦。拿下荊州之後，曹操還需船艦與江東
孫權決戰。只要能夠備齊曹操所需的船艦，蔡氏和馬
氏便能穩固家族於荊州的基業，甚至一躍成為南方最

有權勢的兩大家族。蔡瑁聽完馬良所言，佩服得五體投地，並徵詢具體細節。

馬良要求蔡瑁將家族的土地抵押貸款造船，並將建造中的船艦抵押再貸款造船，使用槓桿到達極致，同時輔以信用貸款，而馬氏家族不但同步跟進，還會利用關係來促成貸款。蔡瑁聽完之後，突然有種不祥的預感，他擔心劉琦錢莊屆時藉故要求還款，而自己還不出錢來的話，豈不是為劉琦所制。馬良笑說這正好是掏空劉琦財產、聯合其他家族控訴錢莊不當牟利的時機，同時也是徹底鬥垮劉琦、斬斷劉備金援的手段，而且最終是拿錢莊的錢來造船獻給曹操。蔡瑁聽得眉開眼笑，笑到合不攏嘴，頻頻向馬良拱手稱謝。

蔡瑁將家族的土地和府邸共四十多處抵押給錢莊貸款，劉琦為了示好，還給蔡瑁相當優惠的貸款利率。蔡瑁緊接著運用貸款到處獵地，買下不少土地放租。這一切諸葛亮都看在眼裡，他暗中派人高價收購蔡瑁買入的幾筆土地。蔡瑁一下子就從土地買賣之中獲利，內心雀躍不已，也對槓桿操作更具信心。在自認熟悉槓桿後，蔡瑁隨即將重心轉移到打造船艦之上。他私下派人傳話給曹操，表達願意充當內應，而且提及進獻船艦的計畫。曹操撫掌大笑，他知道荊州之役假使

能夠不戰而勝，還可不費吹灰之力獲取大批船艦的話，舉兵南征的財務壓力必獲紓解，民生經濟所受到的衝擊也會減少，這對北方政權的穩定是有極大的幫助。

曹操明白，只要劉表一息尚存，荊州戰事勢必曠日持久。蔡瑁的使者跟曹操提到，以劉表目前的身體狀況來看，大夫們皆私下表示說他絕對撐不過一年。對於曹操來說，他雖不願耗費太多錢糧在荊州戰事之上，但也不想用兵的決定受制於劉表的病情。曹操指示使者轉告蔡瑁，希望他日夜趕工造船，務必於半年內打造出大批船艦，並要求蔡瑁將荊州軍操練成訓練有素的水軍，以利將來對付劉備和孫權。

蔡瑁得到回覆之後，更加積極放大槓桿操作，他將大部分的貸款拿來打造船艦，而小部分則繼續買賣土地，為自己和家族牟利。諸葛亮得知消息後，慶幸自己的計策又為劉備換來更多的時間，但此計成功的前提取決於劉表是否存活，因此諸葛亮狂砸重本，從各地搜刮靈芝、人參、鹿茸等珍貴藥材，命人見到劉表就往他的嘴裡猛塞。同一時間，諸葛亮見到蔡瑁沉醉在槓桿的海市蜃樓之中，絲毫沒有感受到死期將至。

再借吧！槓桿越高，你的命運就越悲慘！諸葛亮

想起 2007 年到 2008 年之間由美國次貸危機所引發的金融海嘯，造成高槓桿的銀行面臨倒閉危機。在金融市場暢旺、投資人忽略風險的情況下，銀行擴大槓桿從事套利或是高風險投資，可令盈利和股價暴漲，但食髓知味的結果，使得不少銀行的負債遠遠超過自有資本。在 2007 年，貝爾斯登 (Bear Stearns)、雷曼兄弟 (Lehman Brothers) 和美林 (Merrill Lynch) 等投資銀行的財務槓桿動輒超過 30 倍[註5]，無怪乎在金融海嘯降臨之際，這些銀行無法應付虧損和債務，只好無奈地接受悲慘的命運[註6]。

複利能載舟，
亦能覆舟！

複利是人類最偉大的發明[註7]！諸葛亮腦中出現這句話，他內心也認同這句話，但正苦惱如何解釋給眼前的一群人聽。在一間密室內，劉備、關公、張飛、劉琦和馬良全都屏氣凝神，靜待諸葛亮開口。只見諸葛亮備筆磨墨，在几案上做起了算術，他將 4% 乘上 52，得出 208%，並在旁邊寫上單利利息。然後，他又拿出另一張紙，寫上密密麻麻的數字，眾人上前觀看，見到諸葛亮將 1 加上 4%，也就是 1.04，相乘共 52 次，得出 7.68，接著他用 7.68 減掉本金 1，得出 6.68，也就是 668%，並在旁邊寫上複利利息。

這樣就清楚多了！諸葛亮笑著說，如果一週貸款利率是 4%，每週還息不還本，則一年 52 週的總利息就是 208%。然而，如果本息都不還的話，繼續以本息

滾動計算，則一年的總利息就會變成668%。諸葛亮說，這就是複利的可怕之處，或者應該說複利對於錢莊將是大豐收，而對於蔡瑁來說則是大災難。哈哈哈！現場響起一陣笑聲，只有張飛搔頭苦思，不知這個算術的笑點在哪裡。

一日夜裡，馬良悄悄拜訪蔡瑁，轉達錢莊的貸款條件。由於蔡瑁欲以建造中的船艦為抵押來增加貸款，並且打造更多船艦，但以船艦為抵押品的質素遠遠不及土地或府邸，因此錢莊本想回絕此類貸款。馬良向蔡瑁誇稱自己動用了不少關係，才令錢莊勉強同意貸款，但因抵押品的質素不佳，貸款利率就變得相當地高。馬良接著解釋錢莊的貸款條件，貸款每週計息一次，利率為4%，可以只還利息，或者也可以本息都不還而繼續計息，但如果總利息累積到接近於本金的數額，則錢莊有權要求繳清利息。

蔡瑁邊聽邊拿算盤撥打，他想到自己承諾曹操在半年內，也就是26週左右，就要將船艦全部造好，於是他以4%乘上26，得出104%。蔡瑁反覆思考驗算，越算越得意，他稱讚馬良為蔡馬兩家談了一個不可思議的好數字，因為在第25、26週左右，貸款利息將會累積超越本金，而這也剛好是他備妥船艦、向劉琦發

難的時刻。蔡瑁說，在錢莊要求繳清利息之時，他便會連同親曹人士聲討劉琦放高利貸、損及荊州經濟的惡行，當場要求劉表給個交代。屆時，劉表的病情勢必惡化，就算不被氣死，也給了親曹陣營發動政變，將荊州獻給曹操的最佳時機。蔡瑁忍不住狂笑，馬良則順勢誇讚蔡瑁心思縝密，計畫必定萬無一失。

　　其實馬良在會見蔡瑁之前，心情萬分緊張，直至這一刻，才鬆了一口氣，暗自慶幸蔡瑁的算術差勁。不過，蔡瑁只是算術不好，倒不是一介莽夫。為了掩飾進行中的陰謀，他向劉表謊稱蔡氏家族將為荊州打造船艦、操練水軍，此舉不僅可以阻止孫權進軍的意圖，還期望能為黃祖報仇。在一切安排妥當之後，馬良將貸款合約交給蔡瑁畫押，蔡瑁見到其中的違約條款時，稍稍猶豫了一下。合約上面寫著，當違約情形發生時，錢莊得以拍賣抵押品，而當抵押品價值不足或無法兌現時，錢莊得以查扣貸款人的其他家產。蔡瑁心想，到時就派兵霸占錢莊吧！於是他一咬牙，便在合約上畫押。

　　錢莊生意在劉琦的打理之下，獲利持續大幅增長，但是若干欠條本的持有人開始拖欠還款，於是壞帳浮現，尤其是蔡夫人拖欠的情形最為嚴重，主要原因是

劉琦已經不幫她注銷欠條。劉琦為此密會錢莊的股權持有人，大多與會人士皆要求立即催討蔡夫人的欠款，以免壞帳越來越嚴重，也防止他人起而效尤，造成錢莊的損失以及影響放貸的能力。然而，有些人懼怕蔡氏家族在荊州的勢力，表達在錢莊仍有獲利的情形下，不需追究蔡夫人的欠款。

　　劉琦刻意讓這群人吵成一團，爭議呈現膠著狀態。過了一會兒，劉琦眼見爭議重心移轉到錢莊的損益之上，於是立即擱置欠條本的議題，緊接著提出了蔡瑁的貸款問題。劉琦分析蔡瑁的貸款狀況，在土地和府邸抵押方面，由於土地價格上漲而且大部分都有收租還息，因此錢莊比較不擔心這一部分的貸款，但在船艦抵押方面，蔡瑁的貸款皆不還息，導致本息在複利計算下，利息總額迅速累積，進逼貸款本金。劉琦憂心忡忡地提到，如果這筆鉅額貸款產生壞帳，錢莊將會嚴重虧損。談到嚴重虧損，眾人神情激動、眼睛布滿血絲，一副與蔡瑁有不共戴天之仇的模樣。在這個問題上，眾人皆無異議，希望劉琦按照合約催促蔡瑁還款，必要時還要開始處置抵押品。

　　為了避免蔡瑁賴帳，劉琦要求所有人各自掌握軍中人脈以及發揮在荊州的影響力，阻止蔡瑁屆時調派

兵馬。就在此時，劉備和諸葛亮突然現身，一面溫言安撫眾人，一面以財力為擔保，誓言絕不令各大家族遭受損失。與會眾人有種「頭都洗下去、不得不洗完」的感覺！為了家族基業著想，眾人異口同聲站在同一陣線，全力對付蔡瑁。

蔡瑁在畫押之後取得貸款，為了掩人耳目，他將打造船艦的處所分散在幾個不同的地方，以免規模過大的造船行動惹來關注。蔡瑁對於自己的小聰明相當地得意，但在計畫進行到第四個月的時候，錢莊突然派人催繳利息。蔡瑁一頭霧水，不知為何提早收到催繳通知。由於蔡瑁尚未完成兵馬布署，因此急尋馬良詢問此事。然而，馬良卻像人間蒸發似的，家族內沒有人知道他身在何處。蔡瑁急得像熱鍋上的螞蟻，只好找蔡夫人商量此事。自從蔡夫人得知蔡瑁的計畫之後，便偷偷地幫他向蔡氏族人借錢借地，但在貸款方面卻未詳問細節，一切交由蔡瑁打理，因此遇到這個突如其來的問題，她一時之間也六神無主。在此同時，蔡夫人還滿面羞慚地告訴蔡瑁，提及她自己也正被錢莊追債，直到現在她仍不敢知會劉表。

蔡瑁察覺事有蹊蹺，於是他先要求錢莊向他解釋為何提早催繳。錢莊派人跟蔡瑁說明複利的計算，本

息複利到第 18 周時，利息總額就會超過貸款本金。蔡瑁開始懷疑這一切都是馬良所設之局，令自己誤以為在第 25、26 周時才會收到催繳。懷疑歸懷疑，蔡瑁知道現在不是去跟馬良對質，也不是去跟錢莊求情的時候，他趕緊召集親信，火速連繫親曹人士，準備調動兵馬占領錢莊，提前發難。荊州軍的將領們不約而同地立即通報劉表，沒有服從蔡瑁的命令。蔡瑁急邀蒯越、傅巽等親曹人士共同面見劉表，並想反咬錢莊一口，準備將一切歸咎於劉琦和劉備的陰謀詭計。

蔡瑁等人一到劉表府內，只見劉表端坐於大廳之中，周遭圍著一群荊州望族。眾人一見到蔡瑁，還沒等他開口，就開始七嘴八舌地指責他，群情激憤的肅殺氛圍致使蔡瑁不敢貿然回嘴。蔡瑁突然驚覺，錢莊並非為劉琦所獨有，甚至劉琦只是擁有一小部分，而眼前這群人才是錢莊的真正老闆。蔡瑁無法當面賴帳，只好直指劉琦和劉備欲將藉此奪取荊州。劉表怒斥蔡瑁，要他退下並盡快償還錢莊欠款，以免壞帳產生連鎖效應，影響荊州經濟和金融信貸。在這樣的情況之下，蒯越和傅巽不敢多說什麼，而躲在屏風後的蔡夫人也只敢顫慄發抖。

蔡瑁步出劉表府邸，神情落寞，猶如喪家之犬。

他私下再邀蔡夫人商量，兩人把帳算了算之後，方才驚覺蔡氏家族已經資不抵債。兩人不知要該如何面對族人，也無力應付各大家族追債，於是只好含淚收拾行囊，帶著劉琮和少數家眷趁著守備放鬆之際，逃出荊州投奔曹操。蔡瑁出逃如此順利，乃是諸葛亮的刻意安排。諸葛亮站在小山丘上，遙望蔡瑁和蔡夫人遠去的背影，他知道自己已經快為劉備奪下荊州了！然而，蔡瑁畢竟是諸葛亮之妻的舅父，諸葛亮內心雖然竊喜，但也有股莫名的恐懼浮上心頭。諸葛亮返家開門，只見一排算盤橫列在地，妻子黃月英[註8]面目猙獰，手拿藤條不停地在手掌上晃動。

問君能有幾多愁，得了荊州還挨揍！諸葛亮顫抖地嘀咕著。

參考資料（註）：

1.陳彥良，〈中古貨幣的流動性特徵：從貨幣數量變動論魏晉南北朝自然經濟的制度根源〉，國立政治大學歷史學報第 38 期，2012年 11 月

2.這是貨幣乘數的算法，也就是存款準備率的倒數，但如果貨幣沒有全數存回銀行，乘數效果就會減少

3.根據西晉陳壽所著的《三國志》，在袁紹據河北之時，鮮卑首領之一軻比能在塞外吸收不少中原逃叛份子，習得兵器製作和中原文字，並能仿效中原管理部眾的方式。他曾協助曹操平定地方叛亂，也曾騷擾漢境，而被曹操之子曹彰擊敗

4.《三國志》記載：良留荊州，與亮書曰：「聞雒城已拔，此天祚也。尊兄應期贊世，配業光國，魄兆見矣……」。裴松之認為「良蓋與亮結為兄弟，或相與有親；亮年長，良故呼亮為尊兄耳。」

5. Sebnem Kalemli-Ozcan, Bent Sorensen, Sevcan Yesiltas, Leverage Across Firms, Banks and Countries, 2012

6.貝爾斯登被摩根大通低價收購，雷曼兄弟破產，美林則被美國銀行併購

7.愛因斯坦的名言

8.《三國演義》或《三國志》沒有記述諸葛亮之妻的名字，民間相傳為黃月英、黃綬、黃碩，博學多才且賢慧。資料來源：維基百科

第三回　獨角獸公司

豪傑胸中萬甲兵，
諸葛腦中生意經

在蔡瑁出逃不久過後，劉表、劉琦相繼因病逝世，而劉備則在各大家族的支持之下領荊州牧[註1]，順利入主荊州。然而，在設局陷害蔡瑁的過程中，諸葛亮耗費了不少財力。在清算蔡瑁的貸款之後，諸葛亮發覺蔡瑁家族的資產不足以支付貸款本息。為了避免錢莊股權持有人遭受損失，影響他們對於劉備的支持，同時也擔心錢莊因此緊縮信貸，結果將對荊州經濟不利，於是諸葛亮便拿手中剩餘的免死幣清理錢莊壞帳。經過一番折騰，劉備坐擁荊州並獲得大量船艦，但卻苦惱著錢糧補給以及未來的規劃。

此時的劉備不禁回憶起過去的一段往事。大約在十多年前，曹操之父曹嵩在徐州被殺，曹操認定徐州牧陶謙難逃干係，因此興兵征伐陶謙，劉備則率數千

人來救，後因呂布入侵曹操大本營兗州，方解徐州之危。陶謙相當看重劉備，同時也自覺年老力衰、時日無多，欲將徐州讓與劉備。然而，劉備總愛處於道德的制高點上，因此不斷地推辭，他也知道自身迂腐的程度令關張二人都看不下去，劉備常有莫名的恐懼浮上心頭，不時感到身後有人想要伸手巴他的頭。在陶謙死後，眾人好不容易硬推劉備為徐州牧，但劉備卻又在呂布兵敗來投時，作勢讓位給呂布，搞得張飛氣到都想調閱劉備的祖譜，臭罵他祖宗十八代。

其實在當時，除了道義上和時局上的考量外，劉備自知他內心軟弱的一面，或者也可以說是自卑。劉備不像袁紹與袁術家族「四世三公」、家底雄厚，也不如曹操權傾天下，總握朝廷兵馬，就連後起之秀「江東小霸王」孫策的狠勁都遠勝過他。劉備行走江湖，靠的只是一張厚臉皮。也許就是「厚」而不「黑」，劉備被呂布奪去了徐州，又開始了寄人籬下的生活。現今在諸葛亮的幫助下，好不容易取得各路諸侯所垂涎的荊州。劉備內心相當清楚，這一次，他得硬起來，絕對不能再軟弱，而且從今以後，他所面對的，絕不僅是家族之間的紛爭，也不會只是扮家家酒般的小型戰役。劉備已經拿到了「世界大戰」的門票，即將與「酷斯拉」等級的諸侯逐鹿中原，他的眼光和野心逐

漸聚焦於帝位之上。

　　建安十三年（西元 208 年）發生了赤壁之戰，此役是奠定三國鼎立的關鍵。然而，由於諸葛亮腦中外掛了金融科技的知識，採用不同的策略因而改變了歷史。歷史改變之後，曹操沒能取得荊州，劉備沒有目睹十數萬百姓跟隨他逃亡，也不用難過地說「為吾一人而使百姓遭此大難，吾何生哉！」並假裝要投江而死。現代的金融知識不僅令劉備擁有極具戰略意義的根據地，還避免上演一齣讓人雞皮疙瘩掉滿地的劇情。

　　「蝴蝶效應」拖延了赤壁之戰的發生，可是新的情勢並不會令曹操放棄南征的念頭，反而擔心時間拖得太久，劉備和孫權的氣焰將會日益囂張。曹操的恐懼不止於此，他雖然不是真正的皇帝，但運用「借殼上市」的方式，形成了「挾天子以令諸侯」的局面，而劉備體內卻是流著帝王的血液[註2]，完全不用「借殼」就可以「上市」。雖說曹操了解劉備「假掰」的性格，知道劉備不會忽視漢獻帝存在的事實，但曹操生性多疑，再加上有諸葛亮這顆「不定時炸彈」，讓他擔心劉備會突然稱帝，與他爭奪形而上的正統。

　　不能「上市」！諸葛亮語氣有點激動。劉備一頭

霧水，卻也適應了身邊這位天才軍師的胡言亂語。自
古英雄多寂寞，天才則是多有精神疾病！劉備只好這
樣對自己說。諸葛亮和劉備併肩站在江陵的江邊，看
著滾滾長江東流，開闊的江面、滾動的浪潮激起豪傑
們的雄心壯志。江陵乃是荊州重地，錢糧極廣，占據
此地令人有種逐鹿中原而無後顧之憂的念頭，但劉備
初據荊州，不願加重百姓稅賦，於是諸葛亮就此整理
思緒，以定未來之策。「高築牆、廣積糧、緩稱王」
[註3]諸葛亮口中念念有詞，心中則是想著股票上市的邏
輯。

　　股票是籌資的工具，公司為了擴大規模，除了借
錢和發債之外，還可以發行股票獲取資金。在公司股
票上市之後，股東的持股可以擁有更好的流動性，也
可藉由市場機制反映價值。更重要的是，股票上市公
司透過資本市場的運作，更容易籌措資金、擴展規模，
加強本身的競爭力。然而，公司不是想上市就能上市，
還需具備許多條件。以美國紐約證交所來說，對於公
司上市的要求就有不少，例如公司最近三年稅前盈利
總額不得少於 1,000 萬美元、全球總市值需達 2 億美
元、公司上市時的公眾持股市值高於 4,000 萬美元等[註
4]。「稱王」也如同「上市」一樣，需要很多條件的配合，
而現在的劉備陣營就像一間未上市公司，籌資管道有

限，又無法給予部屬高規格的待遇，這樣的經營勢必難有大規模的成長。

　　反觀曹營這間「借殼上市」的公司，曹操以天子之名課徵百姓稅賦、收受外邦和諸侯的進貢、賞賜文臣武將高官厚祿，「上市公司」等級的操作有助於凝聚臣民的向心力。此外，曹操還不時藉由漢獻帝的名義四處征討、拓土開疆。面對這樣的情勢，劉備自然處於不利的競爭地位。雖然如此，諸葛亮仍要劉備「緩稱王」，避免在腳步尚未站穩之際，立即成為各方諸侯的箭靶。畢竟除了曹操和孫權之外，當時仍有益州劉璋、漢中張魯、西涼馬騰等人雄霸一方，任何貿然稱王的諸侯都有可能遭受圍攻。就算「稱王」利大於弊，劉備是個相當愛惜羽毛的人，擁有漢室血統的他絕對不願承受篡位的罵名。如何回避「稱王」之害卻有「稱王」之利？劉備像是自言自語，又像期待諸葛亮再有驚人之語。

　　獨角獸！諸葛亮的腦中出現這個名詞。獨角獸是指市值超過十億美元的新創公司[註5]，用獨角獸來形容這類公司，是因為獨角獸是神話中的動物，而即使在神話故事裡仍屬罕見，所以代表著新創公司要能達到十億美元市值的機率是少之又少。這類具有前景的獨

角獸雖無上市必備的條件，但卻不乏籌資的能力和管道，甚至比上市公司更會吸金。一般來說，新創公司主要靠著獨特的經營模式或服務，透過多輪募資，以策略或創新獲取較高的市場佔有率，才能變成獨角獸。在獨角獸的「嬰兒」時期，是由一人或數人發想創意，自行出資或尋找投資人組成新創公司，再由創投公司（Venture capital firm）[註6] 給予估值並且注資取得股權，隨著每個階段產生的前景和財報，新創公司所受到的關注也會改變。在前景看好的情況下，經過多輪募資和估值調升，新創公司便會壯大成為獨角獸。

　　諸葛亮從沉思之中猛然回過神來，只見劉備張大雙眼，充滿期待地望著他。諸葛亮相當熟悉這種眼神，自從隆中出山之後，四周經常圍繞著類似的眼神，一方面渴望他提出高明的見解，另一方面則是想看他會發什麼神經，說出什麼駭人聽聞的計謀。諸葛亮有時感到相當寂寞，他被「開外掛」的事情不能隨便告訴別人，否則就真的被人當作是瘋子。面對「伯樂」劉備，諸葛亮實在不願意遭受異樣的眼光，因此他決定要正經一點，清了清喉嚨之後，開始跟劉備講述在隆中時就想提出的「隆中對」。

　　諸葛亮提到，自從董卓造反以來，天下豪傑並起。

曹操聲勢不及袁紹，最終卻能打敗袁紹，依靠的不僅是天時，也是人謀。現今曹操已經擁有百萬大軍，挾天子以令諸侯，此時不能與他爭鋒。孫權據有江東，已歷經三代，地勢險要、人民歸附，因此只可把孫權當作外援而不可謀取他的領土。荊州北據漢水、沔水，地利之便通達南海，東面與東吳領土相連，西邊和益州相通。荊州是群雄都要爭奪的地盤，但是原本的主人卻沒有能力守住。諸葛亮說，這大概是老天爺要拿荊州來幫劉備吧！聽到這裡，劉備突然感到睡意來襲，不停地用手猛掐大腿提神。諸葛亮讀懂了劉備的表情，但心裡還是想著苦思已久的「隆中對」。不管如何，一定要硬著頭皮講完！

諸葛亮繼續闡述，益州地勢險要、土地肥沃，是天府之國，漢高祖憑藉益州建立了帝業。現今劉璋昏庸懦弱，益州人民富足，物產豐饒，劉璋卻不知道愛惜。有才能的人都渴望服侍賢明的君主！諸葛亮告訴劉備，說他是漢室的後代，而且聲望很高，廣招英雄、求才若渴，如能占據荊、益兩州，守住險要之地，安撫西邊和南面的少數民族，對外聯合孫權，對內整頓政事，一旦天下有變，就率兵北伐。如果這樣做的話，則霸業可成，漢室便能復興！聽完諸葛亮沉悶的長篇大論，劉備忍不住疲態盡露，但為了尊重諸葛亮，只

好把一個又一個的呵欠用拉長下巴的方式硬吞回去，
臉部則呈現出不自然的扭曲。

曾經滄海難為水！諸葛亮感嘆著先前提出的點子
太過勁爆，以至於四平八穩的「隆中對」聽來索然無
味。為了不讓劉備失望，諸葛亮話鋒一轉，提及曹操
可能隨時起兵來犯，因此除了招兵買馬之外，還要以
金融戰消耗曹操的戰力，而在金融戰開打之前，劉備
要先具備與曹操近似的籌資能力。諸葛亮不想用獨角
獸與上市公司之戰來做比喻，而是以明君與奸雄的金
融對決來形容。劉備的睡意逐漸退去，整個人開始亢
奮了起來，他詢問諸葛亮是否要再發行新貨幣。諸葛
亮搖了搖頭，因為他看到免死幣大受歡迎之後，曹操
和孫權都各自找人發行新貨幣。就像比特幣走紅後，
市場上開始出現各式各樣的 ICO(首次代幣發行)^{註7}，
任何發行者只要寫出類似於中本聰的白皮書，說明新
發貨幣的特性和交易規則，就可用新發貨幣在市場上
募資。

在免死幣盛行一段時間之後，曹操發行「曹植
幣」，持有人只要擁有一定數量的「曹植幣」，就可
以請曹植表演「七步成詩」，此幣大多用於婚喪喜慶
的場合。孫權則請呂蒙推出「阿蒙幣」，擁有「阿蒙

幣」的人可以請呂蒙親自教授速讀和增強記憶的技巧。
由於東吳魯肅曾訝異於呂蒙的學識進展神速，呂蒙便
說「士別三日，當刮目相看」，由此可見他看書很快、
記憶力又強。諸葛亮以「曹植幣」和「阿蒙幣」為例，
說明新貨幣的競爭激烈，已經不像從前一樣賺錢了！
劉備並不死心，追問諸葛亮是否想出更好的點子。就
在此時，遠方出現幾輛牛車，看似載著一箱箱沉重的
貨物。

　　共享經濟！諸葛亮興奮地指著牛車。

古來衝陣護牛車，
只有常山趙子龍

　　共享經濟所衍生出的產業和投資是現代金融不可或缺的一環。共享經濟的概念是資源擁有者將資源以收費或租借的形式提供眾人使用，使得資源可以充分被利用。在科技和資訊發達的助長下，共享經濟方興未艾，而相關的產業和產值預料將會蓬勃發展，以共享經濟為題的新創公司更是不斷吸引投資人的目光，成為具有獨角獸概念的投資標的[註8]。共享經濟的創新構想不斷地縈繞於諸葛亮的腦中，在評估大局之後，諸葛亮認為光從荊州徵收的稅賦將不足以對抗曹操，唯有另闢財源方能成事。然而，以當時的金融體系來看，想要建立證券資本市場以及上市集資是不切實際的，因此利用未上市的獨角獸來吸金是比較可行的策略。站在江邊，見到牛車經過眼前，諸葛亮想到了曾是獨角獸而現已上市的 Uber(優步)。

Uber 並非擁有車輛的派車公司，而是一間交通網路公司，透過本身架構的網路平台連結乘客和司機。車輛的擁有者是司機或是車行，乘客利用行動應用程式叫車，鄰近的司機則可立即回應。Uber 提供了共享經濟的服務，並令車輛這項「資源」可以充分被利用，比較不會發生人找不到車或車找不到人的現象。Uber 不需投入資本於車輛的採購和維護，便可從乘客支付的車費中抽取一定比例的手續費，這就是 Uber 起家時的策略，也是諸葛亮想做的生意模式。

在三國時期，貨物的運輸主要是靠牛車和舟船[註9]，而諸葛亮構想中的新創公司便是將牛車和舟船的擁有者連結需要運輸服務的使用者，為雙方做有效的媒合並且從中賺取手續費。雖然當時沒有網路和行動應用程式，但諸葛亮發行免死幣的創意令「礦工」廣泛地散佈在各地。由於免死幣、曹植幣和阿蒙幣受到投資人的歡迎，促使民間商賈發揮創意，發行各式各樣的新貨幣，越來越多人也爭相投身於「礦工」的工作。「礦工」形成的網絡成為諸葛亮經營新創公司的利器，而接下來他所要做的便是找人來「試營運」，順便建構執行時的細節。常山趙子龍！劉備推薦他最欣賞和信任的部屬，諸葛亮則是相當認同地點了點頭。

　　趙雲，字子龍，常山真定人。趙雲結識劉備於袁紹與公孫瓚的磐河之戰。在磐河之戰中，袁紹大將文醜將公孫瓚打到頭盔落地、披髮縱馬，幸得趙雲飛身挺槍來救。次日兩軍再戰，趙雲一騎深入袁紹軍中，左衝右突，如入無人之境，但最終公孫瓚寡不敵眾，在劉備特來助陣後才脫困，而劉備便在公孫瓚的介紹下，認識了趙雲。隨後，由於董卓假天子之詔要求袁紹與公孫瓚和解，所以劉備也沒有繼續留下來的理由，只好依依不捨地與趙雲分離。根據三國演義的記載，公孫瓚兵敗自焚之後，趙雲四處飄零，最後才與劉備於汝南重聚。

　　在曹操大將夏侯惇殺奔新野之時，這是諸葛亮初出茅廬的第一役，當時的他便派趙雲誘敵深入，隨後劉備軍便火燒博望坡，順利擊退夏侯惇。雖然之後的歷史因諸葛亮被「開外掛」而改變，劉備不需逃離荊州的根據地，趙雲也就無法演出衝陣救劉備之子「阿斗」的劇情，但參照三國演義中的描述，劉備在博望坡之戰前後，就已經相當地信任趙雲了。根據原本的故事，劉備被曹軍追擊、倉皇逃走之際，妻小皆已下落不明。當劉備聽到趙雲投向曹營的流言，他打死都不肯相信，就算張飛也認為趙雲貪圖富貴，劉備仍說「子龍從我於患難，心如磐石，非富貴所能動搖也」。

因此，在諸葛亮提出要找新創公司「試營運」的執行者之時，趙雲就成了劉備最先想到的人選。

諸葛亮將這間新創公司命名為「雲端商行」，第一個字取自於趙雲的「雲」，「雲端」註10 兩字則是由他被「開外掛」的腦中所跳出的名詞。雲端商行的成立資金大部分是由諸葛亮向錢莊借貸而來，小部分則來自於荊州大家族和其他州郡的富豪出資入股。商行成立期間，諸葛亮派人到荊州「礦工」聚集地去解釋雲端商行的業務，並宣布「試營運」的首次運輸將由趙雲陪同，結果雲端商行的「處女行」受到商人們踴躍參與，諸葛亮還特別請人規劃統整，最後決定先以十條路線試行，一條由趙雲親自陪同，其餘則由他所訓練的精英跟隨。

商人們對於雲端商行的服務相當感興趣，不僅是因為貨物由趙雲護送將會更加安全，最重要的是相近的運輸路線經過整合規劃後，將使運送成本可與他人分攤，就像 Uber 的共乘服務，可以降低使用者的支出。牛車和舟船的提供者也能獲得更好的報酬，而且透過「礦工」的資訊傳遞，還可輕易地找到需求方。如同 Uber 創造三贏的局面：Uber 賺手續費、乘客容易叫車（如有共乘，還可降低費用）、司機也便於找到生意賺

更多錢。

　　雲端商行從共享經濟的模式之中創造商機，但由於沒有網路和信用卡線上支付，諸葛亮在初期的混亂中想到一連串的方法，那就是在各地最多「礦工」的聚集場所設立規劃處，「礦工」將貨運需求方和供給方的資訊送到規劃處整合路線和費用，然後「礦工」將規劃結果通知供需雙方並讓兩者自行結帳，而貨運需求方則需開張確認條給「礦工」，「礦工」便拿確認條到規劃處領取報酬，規劃處則派人持確認條向貨運供給方收取手續費。為了令經營更加順利，諸葛亮仿效 Uber 的評分制度，貨運需求方和供給方可以對於服務結果互相評分，此種反饋機制有助於參與者的相互瞭解和選擇。評分過低的任何一方，將會被雲端商行從網絡中剔除。此外，表現不佳或私下替供需雙方交易的「礦工」也會被列在拒絕往來的名單之中。

　　趙雲踏上陪同運輸的旅途，內心感到五味雜陳，走得越遠，心情越是複雜。他回想起自己效力於劉備之後尚未立下大功，雖然深獲劉備信任，在關鍵時刻委以賺錢籌資之重任，但趙雲總覺得大丈夫應該要有征戰沙場、馬革裹屍之志，而不是做些汲汲於營利的俗事。正當想到出神之際，身旁拉車的牛叫了一聲並

轉頭與趙雲對望，接著拉了一坨屎在地上，令趙雲心裡的那把無名火燒了起來。正愁情緒無處宣洩，他遠遠見到幾名士兵竟在一座村莊內搶奪擄掠，一旁的牛又叫了一聲，像在提醒他此時身處曹操的勢力範圍，不該輕舉妄動，但怪裡怪氣的聲調又像是在嘲笑他。趙雲實在按捺不住，決定見義勇為，他縱馬加鞭，直奔至士兵面前，以迅雷不急掩耳的槍法打落士兵們的兵器，大聲地喝斥他們離去。

　　突然，趙雲餘光瞥見一將手提鐵槍，背著一口劍，引著一群人馬朝他殺來。趙雲趕緊朝著運輸隊伍的方向猛打手勢，示意他們盡速離開，接著他不假思索地直取那個將領，不到一回合，就刺死該名將領。原來此將乃是曹操背劍之將夏侯恩[註11]，背上的那把寶劍則是青釭劍。趙雲順勢奪得寶劍後，只見更多人馬朝他進擊。趙雲全無懼色，拔出青釭劍深入重圍，不斷地縱橫衝殺。他知道夏侯恩已死，自己若不了結這班人，屆時驚動了曹操，不僅村民們會被連累，雲端商行的任務也將橫生枝節。夕陽西下，天色染紅了一大片的屍體，村民們一方面感激趙雲出手相救，一方面對於鏖戰的過程心有餘悸。趙雲交代村民們不要透露他的身份，緊接著片刻也不敢耽擱，立即追上運輸隊伍，加快任務的完成。

　　趙雲隨隊回到荊州之後，他單騎衝陣、保護村民的義舉還是傳遍了天下，也為雲端商行打響知名度。然而，諸葛亮卻對此事一則以喜，一則以憂。喜的是雲端商行聲名遠播，有利於擴大營運規模，憂的是眾人恐會誤認雲端商行參與實際的運輸工作，結果可能導致日後的運輸受到其他陣營的阻擾。於是諸葛亮透過「礦工」強調雲端商行中立媒合的角色，並且嚴禁劉備軍參與或陪同運輸。此外，諸葛亮還將雲端商行的股權進一步釋出給荊州以外的富豪，尤其是身在北方的豪門望族，避免曹營破壞雲端商行的營運。

　　經過雲端商行的運作測試以及諸葛亮的渲染，不少豪門望族對於股權認購展現極高的意願。在營運上，諸葛亮加強宣傳雲端商行的服務以及提供初次使用的補助金，因此吸引越來越多人將家中的牛、馬、驢等役畜和舟船投入運輸行列，促使運輸成本進一步地下降，而商人們也逐漸捨棄自行運貨，改由透過雲端商行協助他們找尋適合的運輸供給方。在參與者快速增長的情形下，諸葛亮又想出一些從雲端商行衍生出的附屬生意，像是在運輸過程中提供代購的服務以及協助旅人安排食宿等等。到時再將這些生意分拆籌資吧！諸葛亮內心如此盤算。

　　雖說雲端商行的生意欣欣向榮，業績快速成長，但為了避免他人模仿營運模式，同時還要擴大市場佔有率，雲端商行燒錢燒得很快，獲利也相對有限，難以幫助劉備在短期內籌到大筆資金。諸葛亮當然明白這個道理，他也沒有奢望立即從雲端商行賺到大錢。諸葛亮想做的，便如同大部分新創業者所做的一樣，就是透過創新的商業模式和動人的前景，經由估值飆升，將新創公司培養成獨角獸，並逐漸把股權換成現金。也就是說，諸葛亮一開始就不打算從本業中拿錢，而是要模擬新創公司的籌資方法，從資本遊戲中獲取資金。

　　新創公司的籌資過程大同小異，一開始先有創意和經營模式，所需的資金可以自掏腰包或者找到天使投資者（Angel investor），提供他們股權來換取初步的創業資金。在運作比較成熟之後，便可透過多輪募資（俗稱 A 輪、B 輪等等）繼續擴大規模。每一輪的募資主要是找創投公司來評定估值並給予資金，不少創投還會根據新創公司的經營狀況，有條件地分階段注資，例如用戶成長到一定數量時才會撥款。計算估值的方法則有相當多種，像是現金流量折現法（Discounted Cash Flow, DCF），這種方法是以預估的現金收入折現算出市

值，但是新創公司的經營狀況通常不太穩定，所以難以估算未來的現金流，而市場上比較流行的做法是用一個財務數字乘上同業或類似行業的一個倍數。舉例來說，一間新創公司的每股盈餘（EPS）是 10 塊，而同業或類似行業的平均本益比（P/E）是 30，則這間新創公司的每股價值就可估計為 300 塊，接著再乘上總股數，便能得出整間公司的估值。在新創公司尚未獲利的階段，則可用營收或其他數字來取代 EPS。

　　然而，許多新創公司的創意是前所未有的，因此難有同業或類似行業的財務倍數當作參考。在這個時候，財務倍數便要倚賴籌資者來推銷公司的前景，而諸葛亮剛好就是一位口若懸河的推銷員。雲端商行在他口中是一間「錯過就會遺憾終生」的公司，富豪們對於諸葛亮的說詞深信不疑，就怕再次錯過類似於「免死幣」的賺錢機會。雲端商行的估值越來越高，諸葛亮也就趁勢出脫部分持股來換取所需資金。在雲端商行成立之初，諸葛亮刻意保留小部份股權給予富豪們認購，目的就是讓他們感受到每一輪募資時估值的飆升，從而更有意願加碼認購或是推薦給其他富豪。投資雲端商行在短期內就能獲得數倍的增值，這對任何人來說，都是無法抗拒的吸引力！

　　諸葛亮估算資金陸續到位之後，隨即邀請馬良前來府邸議事。馬良在慫恿蔡瑁放大槓桿的期間，曾經消失了好一陣子。周圍人士大多以為他在躲避蔡瑁，但其實他是受諸葛亮之託，前往合肥去執行另一項任務。

　　期貨可以交割了！諸葛亮一手拿著帳冊，一手撥打算盤。

參考資料（註）：

1. 牧是州的長官。資料來源：韓復智、洪進業，後漢書紀傳今註三，2003

2. 根據《三國志》蜀書二的先主傳記載，劉備乃漢景帝子中山靖王劉勝之後

3. 這句話來自朱升給予朱元璋的建議。資料來源：明史卷一三六

4. 紐約證交所網站：
https://www.nyse.com/get-started/reference#Standards

5. 獨角獸公司(Unicorn)的名稱是源於創投家Aileen Lee在2013年《歡迎加入獨角獸俱樂部：從十億級別公司身上學習創業》的文章

6. Venture capital(VC)的中文是創業投資，簡稱創投，又稱為風險投資或風投，主要是指向新創公司(startup company)提供資金並取得該公司股份的一種融資形式。創業投資公司為一專業的投資公司，由一群具有科技及財務相關知識與經驗的人所組合而成，透過直接投資公司股權的方式，提供資金給需要資金者。資料來源：維基百科

7. ICO(Initial Coin Offering)，也稱首次代幣發行、首次代幣發售、區塊鏈眾籌。資料來源：維基百科

8. Juho Hamari, Mimmi Sjöklint and Antti Ukkonen, The Sharing Economy: Why People Participate in Collaborative Consumption, 2015

9. 牛車在漢代是商人們主要載人運貨的交通工具，在東漢和三國時期，還出現一種獨輪車，是一種經濟又實用的交通工具。資料來源：肖東發編著，交通巡禮─歷代交通與水陸運輸

10. 雲端兩字發想於雲端儲存（cloud storage），雲端儲存是在網路中做儲存，通常是把資料存放在由第三方代管的虛擬伺服器，而非自己專屬的伺服器上。資料來源：維基百科

11. 在三國演義中，夏侯恩於長板坡之戰時，自恃勇力，背著曹操，只顧引人搶奪擄掠

第四回
期貨和選擇權

不識期貨真面目，
只因身在三國中

　　時光回溯到蔡瑁放大槓桿、打造船艦之際，馬良低調地尾隨一位荊州富商出現在合肥的市集上。街上熙熙攘攘、百業興盛，呈現一幅民康物阜的景象。合肥位於現今的安徽省，是政經及軍事重鎮，在三國時期隸屬曹魏，也是東吳一直想要奪取的戰略要地。除此之外，在司馬遷的史記貨殖列傳中提到「合肥受南北潮，皮革、鮑、木輸會也」，也就是說合肥還是南北貨運貿易的集散地。富商接受馬良請託，四處打聽木材的行情與供需情況，最後選定了一家信用良好的木材商來做生意。馬良之所以不直接與木材商接觸，仍是受到諸葛亮與他討論「洗錢」之後所獲得的啟發。

　　「洗錢」主要的手法是將不當獲利放入金融體系，這個過程稱作處置（Placement），接著便進入多層化階

段（Layering），也就是將錢換成旅行支票、股票、債券、貴金屬等形式流通，最後進行整合（Integration），把非法的錢透過合法的投資、借貸等方式逐漸漂白。雖然馬良並非處置不法所得，但為了避免曹營察覺他的行動，因此要求富商協助劉備陣營收購木材，事成之後，馬良再付與富商更高的價格，讓富商輕鬆賺取價差，而透過這樣的方式就可以隱匿收購木材的金流。在當時，由於劉琦錢莊的生意模式相當地成功，各地豪門望族爭相設立錢莊。合肥位處地理要衝，不僅是兵家必爭之地，也是富豪們設立錢莊位址的首選。在訪查木材行情之前，馬良已經先派人探聽各大錢莊的經營狀況，並令同行的富商與一家辦事謹慎的錢莊往來，以此做為金流的中繼點。

　　面對荊州富商所提出的期貨交易方式，木材商感到十分為難。一方面富商的採購量相當地大，將為木材商的營收帶來倍數的增長，另一方面買賣交易是以期貨來進行，而對於木材商來說，期貨是一個前所未聞的概念。期貨是一種衍生性金融商品，買賣雙方透過合約的簽訂，同意於特定的時間以特定的價格和條件買進或賣出標的物。標的物可以是實質商品，例如棉花、大豆、金屬、木材等，也可以是金融商品，例如股票指數和債券利率。現代的期貨交易主要集中於

期貨交易所,合約是以標準化的方式來進行買賣,也就是規定標的物的數量、等級、到期月份、交割方式等細節。為了避免違約風險,買方要支付保證金,代表履行合約的擔保和誠意,而保證金的金額通常為合約價值的 3%~10%[註1]。

荊州富商完全能夠體會木材商的難處,因為他自己也是做生意的人,乍聽陌生的交易方式,不免令人擔心風險。富商向木材商解釋,現貨交易有價格波動的風險,現在的報價可能不錯,但如果將來價格突然暴跌,則有可能出現虧損。採用期貨交易,訂好合約價格,在特定的時間前生產、運輸和交貨,便可以鎖定利潤,避免價格波動的風險。雖然在木材價格上升的時候,木材商無法賺得更多的利潤,但做生意總不該沒有風險意識,把整盤生意全都暴露在價格風險之中,而完全沒有避險的對策。生意人對上生意人,以共通的語言總是比較好做溝通。經過一番說明之後,木材商對於期貨交易產生興趣,但仍心存疑慮,他擔心在木材價格下跌的時候,荊州富商會捨棄保證金而直接到市場上收購現貨。

富商進一步向他提及合約內可以載明每日結算,

富商會在合肥錢莊存入一筆錢，當木材價格下跌的時候，木材商可按合約要求錢莊從富商的帳戶中取款，增加保證金以確保合約的履行。這個木材商不僅信用卓越而且相當地精明，他接受了期貨的觀念，同時還靈機一動，想出賺取價差的手法。荊州富商與木材商簽訂期貨合約之後，隨即聽聞木材商向同業推銷期貨的觀念，並以較低的期貨價格收購木材，而這些木材期貨將被用來交割富商的期貨合約。如此一來，木材商透過期貨低買高賣，便可穩賺價差。

荊州富商向馬良描述自己與木材商交涉的過程，還提到木材商賺取價差的「小聰明」。馬良仰天長笑，心中一塊大石頭終於放了下來。馬良回想諸葛亮於合肥之行啟程前，千叮萬囑要他找到願意交易期貨的木材商。諸葛亮提到手中的資金是要用來對付蔡瑁，而木材交易則是針對曹操。由於當時資金有限，木材交易只能採用期貨保證金的方式。諸葛亮託付的任務不止於此，最令馬良感到頭痛的是，諸葛亮為了要用金融戰對付曹操，還囑咐他在合肥推廣期貨，進而建立期貨市場，促使更多人參與。

馬良提出不少計策，並與諸葛亮進行多次沙盤推

演，但在臨行之前，兩人仍然未有共識。直到馬良聽完荊州富商的轉述之後，他才赫然發覺，建立期貨市場的最好方式就是讓市場自然形成，也就是說，只要提供足夠的創意和誘因，並且不過分地干涉，商販的自利心就可促成市場的建立。除了木材交易之外，馬良還拿出額外的資金，要求富商與其他商販進行小額的期貨交易，「催生」各類商品的期貨市場。果然不出馬良所料，合肥的商販為了規避風險、賺取價差，甚至投機炒作，自然而然地推動期貨交易，使得期貨交易日漸普及，而合肥的期貨市場就此正式誕生。

諸葛亮相當滿意馬良的合肥之行。在雲端商行完成多輪售股之後，資金到位的時間點也很接近期貨的交割日。諸葛亮要求馬良將交割款項給與荊州富商，讓他完成與木材商「一手交錢，一手交木材」的期貨交割。就在此時，曹操擔憂劉備將與孫權連成一氣，別有圖謀，於是便聽從謀士荀攸之計，一方面匯集大軍準備南征，曹軍號稱雄兵百萬，水陸並進、船騎雙行，另一方面發檄遣使赴東吳，脅迫孫權共擒劉備，共分荊州之地。人在江東的孫權聽聞曹軍將至，立即召集家臣謀士商議應對之策，而主戰派魯肅則力主聯手劉備，共破曹操。孫權從其言，派遣魯肅前往荊州

試探劉備的心意。諸葛亮喜迎魯肅，並向劉備請命出使東吳。

　　三分天下，此行見分曉！諸葛亮豪氣干雲地說。

諸葛舌戰群儒，
孫權炒作期貨

　　曹操即將揮軍南下，江東的局勢猶如劉表統治荊州時期的翻版，內部也分裂為主戰派與主和派。主戰派的代表人物為魯肅，而主和派則以張昭為首。根據三國演義的記載，魯肅在徵求孫權的同意之後，前往劉備陣營探聽虛實以及結盟的可能性，諸葛亮便藉此機會前往江東，試圖以三寸不爛之舌說服孫權來共抗曹操。在會見諸葛亮之前，孫權告訴魯肅說「來日聚文武於帳下，先教見我江東英俊，然後升堂議事」，這便是諸葛亮在江東先舌戰群儒，然後才能見到孫權的由來。

　　孫權這樣做的原因應該是想藉諸葛亮令主戰與主和兩派暢所欲言，自己便能更加瞭解下屬的想法，同時也丟出諸葛亮這顆「風向球」測試何者「風力」較

強。然而，不同於原著的是，此時的劉備已經盤踞荊州，亦是一方之霸，而並非主和派張昭口中「曹兵一出，棄甲拋戈，望風而竄……無容身之地」，諸葛亮也不會因此被張昭嘲笑說「劉備得先生之後，反不如其初也」。總而言之，此次諸葛亮出使江東，可說是走路有風，但曹軍號稱百萬，所以就算孫劉結盟還是以寡敵眾，而這仍是江東主和派最有力的論點。

雖說諸葛亮助劉備得荊州，但此番來訪還是遭遇江東群儒的「賤嘴」攻勢。虞翻說「今曹公屯兵百萬，將列千員」，譏笑諸葛亮來求助江東，還敢說不怕曹軍。薛綜則說漢朝天數已盡，曹操擁有大半天下，劉備居然不識天時而強欲與爭，就像以卵擊石一樣。接下來陸績的發言更是離譜，還扯到出身背景。陸績說曹操是漢朝相國曹參之後，劉備雖自稱是中山靖王後裔，但卻無從考證，眾人所知的劉備只是個賣草蓆的，如何能與曹操抗衡。群儒除了嘴賤之外，當然還有迂腐的，像是嚴畯就認為諸葛亮的論述皆是強詞奪理，竟問諸葛亮的所做所為是根據哪一部古代經典。當時諸葛亮的心情大概猶如孫悟空聽唐三藏嘮叨，若沒有「結盟孫權」這個緊箍圈，諸葛亮應該很想亂棒打死這些「賤嘴男」吧！

　　諸葛亮對付「賤嘴男」的因應之道就是以毒攻毒，用言語反擊來摧毀他們的自信心，這也是諸葛亮舌戰群儒的動力。諸葛亮反擊的邏輯相當地簡單，就是把這些「賤嘴男」說成是賣主求榮的儒夫。諸葛亮提到劉備雖無江東兵多將廣且據長江之險，但仍敢挺身而出、力抗曹操，反觀江東群儒卻要孫權屈膝降曹，實在笑掉天下人的大牙。此外，諸葛亮還怒罵吹捧曹操的狗腿小人，說他們身為漢臣卻不思為臣之道，反而還想服侍滿懷篡逆之心的曹賊。眼看這場言語交鋒，與其說是舌戰江東群儒，不如說是諸葛亮在怒罵「小屁孩」。江東群儒個個被罵得啞口無言、盡皆失色，但「小屁孩」豈會因此就範，正當其他同黨想要繼續為難諸葛亮之時，主戰派的黃蓋衝了進來，厲聲喝斥眾人並連同魯肅引諸葛亮去見孫權。

　　在諸葛亮抵達江東之際，魯肅就不斷叮嚀諸葛亮，要求他見到孫權的時候，千萬不可提及曹操兵力雄厚。魯肅深怕孫權受到主和派怯戰的影響，假使諸葛亮到時再加油添醋的話，恐怕孫權就更不想打這一場仗了。然而，當諸葛亮一見到碧眼紫髯的孫權，他就決定對眼前這名相貌非凡的男子採用激將法。諸葛亮不僅誇稱曹操擁兵百萬，還言之鑿鑿地把數量算到一百五十萬，身旁的魯肅嚇到差點失禁，心裡圈圈叉叉不斷冒

出，更想狠揍諸葛亮。諸葛亮沒打算就此停住，繼續以看不起人的語氣激怒孫權，他說做人如果沒有劉備這般英雄氣概，不如早點「洗洗睡」，直接投降算了。孫權算是一位頗有氣度的領袖，通常聽到這裡，一般人應該會直接飛踢諸葛亮，他卻只是拂衣而去，退入後堂。魯肅見到孫權憤而離場，滿腔怒火隨之爆發，而諸葛亮可能跟「小屁孩」辯論久了，也沾染「小屁孩」的調調，還笑著說「我自有破曹之計，彼不問我，我故不言」。聽到諸葛亮這樣說，魯肅只好抱著「頭都已經洗下去」的心態，請孫權再次接見諸葛亮。

在後堂內，孫權擺出美酒來款待諸葛亮。看到眼前的美酒，諸葛亮突然得到遊說孫權的靈感。諸葛亮明白孫權內心的恐懼，投降或許可以保住父兄辛苦打下的基業，宣戰則是永無寧日，甚至成為「敗家子」。就算僥倖贏得幾場戰役，但以北方的經濟實力來看，曹操仍可發動綿綿不絕的攻勢，最終東吳恐將還是「頂不住」。對於孫權來說，劉備是爛命一條，過去被他投靠的對象大多沒有好下場，入主荊州只是短暫的轉運，而孫權自己則是一生順遂，父兄留下大好江山，榮華富貴可以享用不盡，但與劉備結盟之後，結果將是禍福難料，搞不好還被劉備帶衰。

　　酒過數巡，諸葛亮不再採用激將法，而是分析戰爭的「基本面」。諸葛亮說曹操是「強弩之末，勢不能穿魯縞」，遠征必然相當疲憊，而且北方之人不擅水戰，如將主戰場放於長江的夏口、赤壁一帶，孫劉聯盟便有地利上的優勢。此外，諸葛亮還提到當初蔡瑁打造的大量船艦，如今全數皆由劉備所接收。由於建造船艦需要大量木材，因此在那段期間木材價格飆漲，而之前馬良又透過荊州富商買入不少木材期貨，所以當曹操造船南征之時，勢必耗費更多錢財，緊接著諸葛亮向孫權解釋整個過程和期貨原理。諸葛亮聽聞孫權好酒，為了加深孫權對於期貨的興趣，他還特別以酒為例。諸葛亮建議孫權派人到合肥建立酒類的期貨市場，如此一來便可買進酒類期貨，避免漲價和缺貨的風險，甚至透過期貨搭配現貨操作，還可主導酒市供需和買賣行情。孫權是個聰明人，一點就通，同時他也明白了諸葛亮的詭計。

　　諸葛亮建立期貨市場的用意，便是企圖聯合東吳拉高北方物價。從木材、糧食、銅鐵、弓箭等戰略物資一直到珠寶、布匹、牲畜等民生用品，商販在合肥陸續建立起各種期貨交易，也將期貨逐漸推廣到其他州郡。在諸葛亮的謀劃下，孫劉聯盟將以期貨來為江東和荊州鎖住商品買價，而把通貨膨脹留給曹操，藉

此擾亂北方經濟，重傷曹操的財政和補給能力。曹操
打從備戰開始，他就已從船艦建造中感受物價上漲的
壓力，在將來赤壁之戰前後，諸葛亮則打算繼續削弱
北方的經濟實力，並於決戰中力求殲滅曹軍，進而奪
取糧草輜重。如此一來，曹操便會一蹶不振，難以東
山再起。也就是說，諸葛亮不僅想要藉由赤壁之戰來
完成「隆中對」裡三雄鼎立的局面，更想透過金融戰
使得孫劉實力勝過曹操。

　　孫權聽完諸葛亮之計後，隨即大悅說「先生之言，
頓開茅塞。吾意已決，更無他疑。即日商議起兵，共
滅曹操」。與此同時，孫權也迫不急待地在合肥操作
酒類期貨，一方面藉此熟悉期貨，以便應付將來大規
模的交易，另一方面買賣酒類期貨也成為他的興趣，
孫權希望主導酒市，擁有源源不絕的貨源，並能從中
獲利。孫權透過期貨和現貨的收購造成市場缺貨，同
時哄抬價格，然後逢高賣出更多期貨，接著再以手中
的現貨交割，或是在交割日前買入期貨平倉註2。當手
頭資金較為吃緊的時候，他還會放空期貨，也就是賣
出酒類期貨，在壓下價格之後，再以低價買入現貨。
孫權受到諸葛亮的啟發，逐漸成為炒作期貨的高手。

　　期貨是把兩面刃嗎？可以用來對付孫權嗎？諸葛

亮腦中浮出一張白人的面孔，此人身穿黃黑條紋的外
套，他的名字叫做李森(Nick Leeson)，李森曾是英國霸
菱銀行(Barings Bank)的明星交易員。1994 年，李森
看好日本經濟並於期貨交易所大量買進日經 225 指數
期貨和放空日本債券期貨。1995 年日本發生阪神大地
震，李森的期貨部位損失慘重，但他不僅沒有結清部
位，還將虧損藏在慣用的內部帳戶之中，甚至繼續買
進日經 225 指數期貨。在日經 225 指數持續下跌的情
況下，最後終於紙包不住火，霸菱銀行總計虧損 14 億
美元，擁有百年歷史的銀行就這樣被李森給搞垮了[註3]！

曹操兵敗赤壁，
周郎笑談選擇權

正當孫權炒作期貨以及準備興兵之際，主和派的張昭又再繼續嚼舌根，他要孫權想想自己跟袁紹相比如何，還誇說曹操兵微將寡都可以擊敗袁紹，更何況現在坐擁百萬雄兵。孫權聽完之後，整個人又軟了下來，直到吳國太[註4]提醒他「內事不決問張昭，外事不決問周瑜」[註5]，他才趕緊派人把正在鄱陽湖操練水軍的周瑜請回。周瑜一回來，居所立即門庭若市，主戰派與主和派皆收到風聲，知道周瑜將是東吳是否開戰的關鍵。聽到消息的魯肅當然不落人後，也帶著諸葛亮拜訪周瑜。孫劉陣營內兩個最聰明的男人終於相見，但諸葛亮仍是技高一籌，他不跟周瑜以理鬥智，而是激發周瑜內心深處的恐懼。

眾所周知，曹操是個好色之徒，他曾染指宛城張

繡的伯母，導致張繡降而復叛，結果還殺了曹操的長子曹昂和大將典韋。此外「虎父無犬子」，曹操次子曹丕也趁戰亂「接收」袁紹的兒媳，也就是袁熙之妻甄氏。曹操父子的行徑給了諸葛亮發揮的空間，諸葛亮便以曹植為曹操所做的銅雀臺賦為題，朗誦賦中「攬二喬於東南兮，樂朝夕之與共」給周瑜聽。周瑜一聽馬上怒火攻心，欲與曹操誓不兩立，因為二喬之中的小喬正是他的髮妻，賦中居然被曹操所「攬」。雖然周瑜事後說他離開鄱陽湖之時，心中已有北伐之志，但三國演義把他寫得猶如衝冠一怒為紅顏，為了小喬而向曹操宣戰。其實即使如此，也沒有什麼好奇怪的，因為男人在江湖上打滾，一為權勢，二為錢財，三為把妹，這也是很正常的現象。

在周瑜靠向主戰派之後，孫權再無疑慮，即封周瑜為大都督，準備與曹操開戰。劉備與孫權順利結盟，諸葛亮則請劉備在荊州以北故佈疑陣，佯裝要在曹操南下進攻之時，趁虛而入、北伐反攻。諸葛亮知道曹操生性多疑，如此部署反而可令他將兵力集中在赤壁之戰。其實就當時的情況而言，曹操也必須如此，因為在他眼中，孫權兵力猶勝劉備，如果擊垮孫權的話，也不需太過擔心劉備，但假使分兵於荊州的話，當孫權起兵來犯合肥之時，曹操將會首尾難以相救。

在長江的赤壁之戰就此開打！由於北人不擅水戰，曹操任命前來投靠的蔡瑁和張允為水軍都督。聽到這個消息，周瑜為了剷除蔡瑁和張允二人，決定親自「下海」與昔日舊友兼曹營說客蔣幹同睡一床。根據三國志吳書記載「瑜長壯有姿貌」，也就是說周瑜是個身材健壯的美男子，他為了孫權的大業，只好與蔣幹睡了一晚。還好蔣幹是個「直男」，只顧著為曹操蒐集情報，沒對身旁的周瑜毛手毛腳。蔣幹最後找到一封周瑜故意安放的偽信，信中乃是蔡瑁、張允私通東吳的陰謀。蔣幹因此中計，而曹操也在氣憤之下，怒斬蔡瑁和張允二人。

雖說孫劉聯盟共抗曹操，但是周瑜仍對諸葛亮懷有敵意，不斷想要藉機除掉他，以免日後縱虎歸山，機會不再。周瑜要求諸葛亮在數日內打造十萬枝箭，於是諸葛亮便想出「草船借箭」之計。諸葛亮請魯肅借他二十艘船，每船軍士三十人，各束草千餘個，分布在船的兩邊。在一日大霧瀰漫的夜裡，船隻駛近曹營水寨，船上軍士擂鼓吶喊，曹操便差萬名弓弩手放箭，這便是諸葛亮獲得十萬枝箭的由來。

然而，擁有期貨知識的諸葛亮決定採取更穩健的計策，因為擔心「草船借箭」湊不滿十萬枝箭，屆時

恐被周瑜以軍令責罰。因此，諸葛亮自掏腰包買了數萬枝箭的現貨備用，但他又不願把錢浪費在周瑜要整他的小事上，於是同時賣出箭的期貨，如果到時現貨沒有使用的話，就拿來交割賣出的期貨合約，還可賺點小錢。在戰雲密布的時刻，軍需期貨通常呈現正價差，也就是期貨價格高於現貨價格，而非呈現逆價差，也就是期貨價格低於現貨價格。就算現貨因為「草船借箭」不足而需要拿來交給周瑜，諸葛亮仍可命人於期貨交割日之前造箭，如此一來，便沒有造箭的時間壓力。無心插柳柳成蔭！諸葛亮建立期貨市場的目的是為了對抗曹操，沒想到在這個小插曲之中也幫了自己。

　　曹操在民間的形象是個奸雄，但在赤壁之戰中卻像個愚夫。他中了黃蓋的苦肉計，也相信了闞澤的詐降書，最離譜的是他殺了蔡瑁和張允後，竟然又派蔣幹「陪睡」周瑜去探聽虛實。對於孫劉聯盟來說，若要論功行賞的話，赤壁之戰的「第一功臣」非蔣幹莫屬，因為他不僅害曹操殺了蔡瑁和張允兩個熟悉水戰的將領，接下來還把龐統帶到曹營。龐統因避亂寓居江東，得魯肅推薦給周瑜並獻上連環計。蔣幹不知是蠢，還是中了周瑜的「美男計」，居然又被周瑜給糊弄，自以為帶回聞名天下的「鳳雛」就可建功，殊不

知卻挖了個「無底洞」給曹操跳。龐統教曹操將大小船以三十或五十為一排，首尾用鐵環連鎖，上面鋪闊版，曹軍兵馬就可在上行走，克服北軍不慣乘船、易生疾病的問題。連環計配上黃蓋即將來襲的火攻，萬事俱備只欠「東風」，而周瑜卻漏算了這件最重要的事。

此時正處隆冬，也就是冬天最冷的一段時期，只有西風北風，卻鮮有東風南風。曹軍居於長江西北岸，而孫劉聯軍則在南岸，如果採用火攻，不但難有功效，恐怕還會燒到自家軍。就在此刻，諸葛亮發揮了現代金融專家也不會的「神力」，就是築七星壇作法，直接向老天爺借東南風。關於「借東風」一事，坊間的解釋是說諸葛亮懂得天象，了解當地氣候的變化，因而預測東南風將至，築壇祭風只是做做樣子，讓人認同劉備陣營在赤壁之戰有所貢獻。不管如何，龐統貢獻連環計，黃蓋詐降縱火，再加上諸葛亮的「東風」，孫劉聯盟一舉將曹軍燒得屁滾尿流，大敗而逃，正是「赤壁樓船一掃空，烈火初張照雲海」。

曹操傾全力揮軍南下，沒想到卻兵敗赤壁，北方經濟又被諸葛亮以期貨擾亂，結果令他元氣大傷，不僅無力再啟戰端，還成了孫劉聯盟的俎上肉。諸葛亮

在築壇祭風之後，立即返回荊州，以防周瑜忌妒加害。在這場更新版的赤壁之戰結束時，由於荊州早已隸屬劉備，所以沒有「借荊州」的爭議，孫劉二人不會因此大傷和氣，而諸葛亮也不用演出「三氣周瑜」和「貓哭耗子」弔祭周瑜的戲碼。劉備仍是這場戰役之中的最大受益者，由於主戰場位於東吳境內，他派出的只有諸葛亮一人以及少許兵力，另加上蔡瑁幫他造好的船艦，可說是不費吹灰之力就令三分天下之勢成形。

雖說周瑜沒被諸葛亮氣死，但這樣的結局仍使他萬分惱火。一般說來，經歷大戰過後，各方勢力將會有所消長，但孫權卻是維持「平盤」，卡在上不上、下不下的位置。曹操則因大敗而差點「下市」，劉備這隻「獨角獸」身價水漲船高，實力甚至直逼「上市公司」。最令周瑜苦惱的是，孫權本人表現出一副「雖不滿意但可接受」的態度，並且繼續沉迷於酒類期貨交易。周瑜對於諸葛亮的所作所為處處提防，他深信期貨交易不僅只是拿來對付曹操，更會在將來毀滅東吳。周瑜一面派人到期貨市場了解，一面力阻孫權過度從事期貨交易。

孫權對於任何事情總是抱著沉穩開放的態度，但一說到酒，則是有點缺乏理智。根據三國志的記載[註6]，

黃武元年（西元 222 年），孫權稱吳王，大宴群臣。當孫權舉杯朝眾臣進酒時，虞翻裝醉伏於地上，而孫權經過之後，虞翻卻又若無其事地起身坐定。孫權見狀大怒，覺得虞翻沒有酒品，也相當不給他面子，結果更沒酒品的孫權居然為了喝酒一事，當場拿起劍來要殺虞翻，幸好身旁大臣力勸，才沒讓虞翻成為史上第一個因裝醉而被砍殺的臣子。經歷此事，孫權也沒說要戒酒，只說「自今酒後言殺，皆不得殺」。

雖說剛剛迷上酒類期貨的孫權還未走火入魔，但此時的他對於美酒還是存有無可救藥的偏愛。他告訴周瑜，若非自己在赤壁之戰前買進一批酒類期貨，現在慶功宴所需的大批美酒必然所費不貲，而且以後各種場合也都需要酒，因此期貨交易是為東吳財政節流，有機會的話還可大撈一票。周瑜差點認不得眼前的孫權，因為他的口氣像是一個賭徒。然而，周瑜知道孫權正在享受著新手的好運氣，實在難以阻擋他的興致。周瑜返回府邸之後，感到憂心忡忡，尤其越了解期貨的保證金制度，他就越擔心。

當期貨保證金是 5% 的時候，相等於槓桿 20 倍，也就是拿 5 塊錢當保證金去買 100 元的商品。當商品期貨價格下跌至 99 元時，基於每日結算的機制，就等

於損失 1 元，而保證金淨值便剩下 4 塊錢。當保證金低於維持保證金時（假設維持保證金為 3 元），期貨買家就會收到保證金追繳令。此時，買家必須將保證金回補到原始保證金的水準，否則將會被斷頭，也就是被強制平倉。因此如果操作期貨是以投機為目的，就等於以小博大，看錯行情的話就要增加保證金或是被斷頭，風險不可謂不大。周瑜最擔心的，莫過於孫權迷失在期貨市場之中，交易重心從避險走向投機。在保證金追繳的過程中，如果孫權堅持多頭或空頭的看法，繼續回補保證金而不肯接受斷頭的處置，就像賭徒不服輸、拿身家拼命一樣，則期貨交易遲早將會毀了孫權與東吳。

是否可有兩全其美之策？周瑜正於家中閉目沉思，而身旁的小喬卻故意在他耳邊吹氣。在赤壁之戰期間，周瑜全心投身軍務，還陪蔣幹睡覺，因此冷落了小喬，而小喬好不容易等到戰火稍歇，周瑜終於可以多花時間與她為伴。據說大喬、小喬皆國色也，詩曰「大喬娉婷小喬媚，秋水並蒂開芙蓉」，但此時周瑜心中想的卻是諸葛亮。小喬嫵媚地在周瑜面前搔首弄姿，一邊褪下衣衫，一邊撒嬌地說她將給周瑜朝夕相處的權利，假使周瑜不要的話，她就選擇去找其他的有情郎了。聽到這句話之後，周瑜像是中了邪一樣，

居然大腿一拍，狂笑奪門而出。此時，衣衫不整的小喬不覺一愣，臉上瞬間出現三條線。

　　選擇權，沒錯，就是選擇權！周瑜口中唸唸有詞地來到一家相熟的錢莊。錢莊主人乃是江東望族，還兼營酒類生意。周瑜建議錢莊主人發行以酒為標的物的選擇權，此種創新的金融商品將為錢莊帶進不少權利金收入，也順便幫助錢莊主人促銷酒類生意。選擇權分為買權和賣權，概念類似於期貨，買方可於特定的時間內以特定的價格買進或賣出標的物，而賣方則有義務履行。然而，與期貨不同的是，買方需支付權利金，賣方則收取權利金。選擇權沒有追繳保證金的問題，如果價格走勢對於買方不利，買方最大的損失只是權利金而已，而賣方最大的獲利也只是權利金，但由於賣方背負交割的義務，在賣空情況下，也就是手中沒有現貨的時候，最大損失則為無限。

　　對於錢莊主人來說，當賣出買權時，由於擁有酒類現貨，買家想要執行選擇權的話，他可以用現貨交割。當賣出賣權的時候，買家執行選擇權的話，也就是以指定價格將酒賣給錢莊，錢莊也可藉此補充現貨庫存。只要算好價格成本和選擇權執行價，錢莊主人可用選擇權增加酒類生意的交易量，而且錢莊還能賺

取權利金。錢莊主人欣然接受周瑜的建議,而選擇權交易也逐漸受到市場歡迎。

　　說服錢莊主人之後,周瑜隨即將自己的創意稟告孫權。周瑜笑談選擇權,他告訴孫權,成為選擇權的買方雖然需要付出權利金,但卻能掌控風險,而選擇權一樣具有槓桿功效,避險、投機兩相宜。此外,周瑜也真誠地表達自己的顧慮,他認定諸葛亮利用孫權對於期貨交易的喜好,即將在期貨市場上興風作浪,破壞東吳的金融與經濟,就如同對付曹操一般。孫權聽從周瑜的勸諫,決定將交易重心放在選擇權。周瑜如釋重負,喜形於色地踏上返家之途,途中他突然想起小喬半裸的景象,不覺地嚇出一身冷汗。遠方的諸葛亮聽聞孫權轉做選擇權的消息,內心感到若有所失,同時也佩服周瑜才智過人。沒過多久,諸葛亮又聽到小喬怒責周瑜的傳言,他立即動了個歪腦筋,遣人贈送一個算盤給小喬。這個算盤不是普通的算盤,算盤珠經過特殊處理,並非光滑圓潤,而是破損中帶著尖銳鋒利。

　　既生瑜,何生亮!周瑜暗罵諸葛亮,跪在算盤上的膝蓋滲出鮮血。

參考資料（註）：

1. 交易人服務與保護，臺灣期貨交易所（網站：http://www.taifex. com.tw/cht/index）

2. 在期貨市場上，平倉指的是持有多頭部位的投資人，藉由賣出等量的合約以離開市場，或持有空頭部位的投資人，藉由買進等量的合約以離開市場，即以等量但相反買賣方向，來沖銷原有的合約。資料來源：維基百科

3. Nick Leeson, Rogue Trader, 2016

4. 吳國太是三國演義虛構的人物，孫權母親吳太夫人之妹。吳太夫人臨終之時，囑咐孫權要向孝敬母親一樣孝敬繼母吳國太。資料來源：維基百科

5. 根據三國演義，這句話來自孫策的遺言

6. 陳壽，三國志吳書十二：虞陸張駱陸吾朱傳

第五回　金融科技

伏龍鳳雛論東吳，
金融科技意念生

對於中原的新局勢、劉備勢力壯大，周瑜心急如焚，不僅想要報復「跪算盤」之仇，更想剷除東吳的勁敵。他深知誘使諸葛亮再訪東吳實屬不易，於是便把腦筋動到劉備的身上。周瑜聽聞劉備之妻甘夫人過世，因此便以鞏固孫劉聯盟為名，利用孫權之妹孫夫人為餌，派人前往荊州提親。諸葛亮為此卜卦，得一大吉大利之兆，他敦促劉備前往江東。劉備原本不想以身涉險，但在諸葛亮拍胸脯保證以及趙雲陪同之下，他才勉為其難地應允。周瑜果然沒安好心，孫夫人不但不是辣妹，而且還「極其剛勇，侍婢數百，居常帶刀」，最扯的是周瑜和孫權居然沒將此事稟告吳國太，擺明了就是要糊弄劉備。

劉備一路上帶著趙雲，依著諸葛亮之計行事。他

們先到南徐拜會二喬之父喬國老，再命隨行軍士買辦新婚物件，將婚事搞到城中人盡皆知。喬國老是個好事之人，一見完劉備，就立即向吳國太賀喜。吳國太聽得一頭霧水，氣得要求孫權交代原委，接著悲憤地捶胸大哭，她不爽自己被蒙在鼓裡，當得知此乃周瑜之計的時候，吳國太更加惱火。喬國老在一旁緩頰，直誇劉備為當世豪傑，力勸吳國太不妨假戲真做。吳國太說要先在甘露寺「驗貨」，再決定是否把孫夫人許配給劉備。

當時的劉備已有一定的年紀，但仍具「龍鳳之姿，天日之表」，吳國太一見到劉備，吞了一吞口水，才捨不得地說「真吾婿也」。東吳雖然「賠了夫人」，但劉備也沒有對此感到開心。在新房內，孫夫人及侍婢個個佩劍懸刀，劉備一進門，臉部表情瞬間僵硬，全身癱軟。除了吳國太之外，對於這門親事最興奮的大概只有諸葛亮一人，因為藉由聯姻，雙方陣營得以暫時和平共處，劉備則有更多時間再將版圖擴張至益州。只是可憐劉備臨老入洞房，他只記得自己當晚該硬的不硬、該軟的不軟！

說到三雄鼎立的新局勢，苦惱的不只是周瑜，諸葛亮亦是相當擔憂。由於曹操的實力迅速下滑，孫劉

二人皆對彼此兵戎相見有所準備，但在雙方勢均力敵的情況下，假使鷸蚌相爭，將令曹操這個「漁翁」得利。在東吳方面，魯肅不斷地節制周瑜，避免孫劉聯盟出現裂痕，而諸葛亮也不敢明著對付東吳，但仍憂心若是遲遲沒有對策，將來火拼起來的話，戰況絕對萬分慘烈，因此諸葛亮決定「玩陰的」。以期貨擾亂東吳的想法遭到周瑜破解，孫權將交易重心放在選擇權的操作。諸葛亮想破腦袋，一時之間也無計可施。雖說諸葛亮聰明過人，但這也是他不時感到孤寂的原因，碰到棘手的問題時，他總是找不到才智相當的人商議，雖然馬良算是聰明人，但卻缺乏宏觀和創新的思維。

　　「鳳雛」龐統！諸葛亮突然想起這個貢獻連環計的名士。龐統在赤壁之戰後，得到魯肅大力推薦。然而，龐統長相濃眉掀鼻、黑面短髯、形象古怪，總之就是醜，而最不討喜的是，他還很狂妄，因此孫權完全沒有招攬他的意思。於是龐統拿著魯肅的推薦信來投劉備，但性格高傲的他又不在第一時間出示此信。劉備嫌他醜又沒禮貌，所以就把他派到丰陽縣這個小縣。龐統對此安排相當不爽，終日飲酒，廢弛縣務，搞到劉備命張飛前來問責。還好龐統仍然胸懷大志，趁機展現才華，將荒廢百日的政事於半日內處理完成，

最後還拿出魯肅的推薦信。張飛見狀大驚，趕緊向劉備具說龐統之才，接著劉備拆開魯肅書信視之，信中提到「如以貌取之，恐負所學，終為他人所用，實可惜也」。此時，諸葛亮也正好面見劉備，大讚龐統「非百里之才，胸中之學，勝亮十倍」，於是劉備便拜龐統為副軍師，還喜孜孜地說「伏龍、鳳雛，兩人得一，可安天下。今吾二人皆得，漢室可興矣」。

諸葛亮果然沒找錯人！龐統前來會見諸葛亮，屁股還沒坐熱，就把諸葛亮的憂慮全都點了出來，同時構思出因應之計。他認為以期貨來誘使孫權沉迷並進一步擾亂期貨市場，此計可令孫權遭受損失，藉此削弱東吳財政，這是一種「由上而下」的思維，如果能夠順利執行的話，也不失為良策。然而，期貨之計既然已被周瑜識破，於是龐統提出「由下而上」的思考邏輯。諸葛亮聽到這裡，便已明白龐統之計，全身感到熱血沸騰。龐統讀懂諸葛亮的神情，但話不吐不快，該講的還是要講完。

龐統認為「由上而下」的金融攻擊，容易被察覺而難竟全功，周瑜只要阻止一人或數人便能防範，而「由下而上」的攻擊雖然布局曠日彌久，但可以不知不覺地融入百姓生活之中，影響層面廣泛，等到周瑜

驚覺之時，便已來不及防範，就算想防範也難以阻止千千萬萬百姓。龐統以得意之作「連環計」來比喻，他說假使想出一項金融工具能被普遍使用，「鎖住」千千萬萬百姓的生計，再放一把「火」燒起來，東吳經濟勢必滿目瘡痍，結果絕對重創孫權。龐統的計謀讓諸葛亮在黑暗中見到一線曙光，但這道曙光卻又隱含重重危機，因為金融「連環計」會把所有人的命運綁在一起，只要發展出便利的創新工具，不管是孫權、曹操或是劉備統治下的百姓皆將趨之若鶩，也就是說屆時眾人都在同一條船上。之後再以「防火牆」來降低衝擊吧！諸葛亮內心如此想著。

　　諸葛亮得到對付東吳的初步構想，他相當滿意這位新加入的生力軍，但仍煩惱著龐統口中的金融工具要該如何設計。諸葛亮來到關公鎮守的襄陽，襄陽在中原歷史上是兵家必爭之地，漢水穿流其中，將襄陽分為南北兩岸的襄城與樊城，兩城也是商業重鎮。除此之外，這裡還是三國演義裡「關雲長放水淹七軍」的所在地，關公將曹營于禁所率之軍盡皆淹沒於水中，詩曰「夜半征鼙響震天，襄樊平地作深淵。關公神算誰能及，華夏威名萬古傳」。諸葛亮特別走訪襄陽，為的是避免周瑜懷疑他劍指東吳，因為襄陽看起來更像是北伐曹操的根據地。

　　襄陽城內人來人往，不時可以看到「礦工」聚集的「節點」，忙著登錄和傳遞訊息。兩城之內皆有雲端商行的規劃處，人潮亦是絡繹不絕，看得出生意十分地興旺，但一路上所見到的錢莊則是相對冷清。諸葛亮突然發覺，與錢莊往來的人士不是富商巨賈，就是豪門望族，雖然也有若干升斗小民進出，但他們屬於不被重視的一群人，上門求貸之時還會遭受冷眼對待。然而，龐統所謂「由下而上」的思維便是要從升斗小民著手，這群人以個別來看可說是無足輕重，但將他們聚集起來卻是足以撼動政權的「雄兵」。如果能用金融工具把大部分的百姓連環「鎖」起來，下層小民的財務問題將會成為上層在位者的財政問題，而金融科技（FinTech）似乎就是這項「連環計」的工具。想到這裡，諸葛亮不覺地動了惻隱之心，感嘆著平民百姓始終是政權交替的最小得益者，政治經濟上的好處被權貴瓜分之後，「下滲」到他們身上時已經所剩無幾，而每到亂世降臨，百姓們卻又是最容易被利用的對象。

　　金融戰總好過血流成河吧！諸葛亮只好如此安慰自己。

標會求問龐德公，
P2P 借貸埋禍根

　　金融科技（FinTech）可以定義為一種金融服務的創新，企業運用科技令金融系統和金融服務的提供更有效率[1]。隨著金融和科技不斷進化，產生了破壞性的創新，像是網路銀行、行動支付、群眾募資、P2P 借貸[2]、機器人理財等等，也就是說金融科技瓦解了科技化不足的金融企業。然而，運用大量科技的金融企業不等於就是金融科技公司，因為金融科技是一種顛覆傳統的營運模式，不僅僅只是工具而已。精準地來說，金融科技仍是一個新穎的詞彙，定義莫衷一是，尚未有統一的說法[3]。

　　不論金融科技的定義究竟為何，此時在諸葛亮的腦海中，金融科技代表著破壞性的創新。這項創新即將破壞豪門望族所經營的錢莊，令升斗小民以及小本

經營的商販擁有其他金融往來的管道，使得金融服務廣泛地深入民間，避免錢莊壟斷金融命脈，而這也是諸葛亮提防豪門望族的手段。諸葛亮內心思忖，雖說引進金融科技的初衷是要顛覆東吳政權，但如能透過金融科技幫助平民百姓更容易獲取金融服務，免受錢莊的剝削，未嘗不是一件造福社稷的好事。創新的結果總是有人得利而有人受害，另外還可能埋下潛藏性的危機。然而，對於社稷萬民來說，最重要的是與時俱進地調整監管的步伐，而非阻擋創新所帶來的進步。

諸葛亮審視身處的環境，雖有多樣化的金融誕生，但實在與科技沾不上邊，還好有「礦工」形成的網絡，助他將比特幣和獨角獸的概念運用於當下。這一次「礦工」又該扮演什麼樣的角色呢？諸葛亮暫時還理不出頭緒。此時，他想起了人在襄陽的長輩龐德公。根據裴松之為三國志作注，引用襄陽記的記載，「諸葛孔明為臥龍，龐士元為鳳雛，司馬德操為水鏡」皆是龐德公所開始稱呼的。在襄陽記裡寫道「其子倦民，亦有令名，娶諸葛孔明小姊」，而「諸葛孔明每至公家，獨拜床下」。由於龐德公是荊州名士，當時耕讀於南陽的諸葛亮藉由姻親的身分常去拜訪龐德公，每每畢恭畢敬地拜倒於前。除此之外，龐德公還是龐統的叔叔，更重要的是，民間相傳他是標會的發明人[註4]。

諸葛亮曾聽過龐德公講述標會的構想，隱隱覺得這個構想將是他在尋找的答案，但是自從投身於劉備陣營之後，諸葛亮事必躬親、宵旰憂勞，少有機會再訪龐德公，因此對於標會的後續情形不甚了解。此時的諸葛亮慶幸自己獲得龐統獻計，現今又身處襄陽，得以與龐德公再次相會。看到諸葛亮來訪，龐德公亦是歡喜，他將標會的運作鉅細靡遺地告訴諸葛亮。標會又稱為互助會，是民間相互間借貸和收息的一種管道。發起人，又稱會首，在需要用錢之時，就找來相熟的親友來當會腳，會腳除了賺取利息之外，需要錢時也可以從標會中取得。會首在起會時取得首期會款，之後每隔一段時間就進行一次標會，由願意支付最高利息的會腳得標收款，而得標者就「死會」了，在往後的標會中，便繳交固定會款，直到所有會腳都得標收款為止。這樣的機制讓每個人都能得標一次，而急需用錢的人就會付出較多的利息。

龐德公對於這項發明相當得意，滔滔不絕地講了幾個標會的實例，並闡述標會對於小老百姓的助益。龐德公言畢，諸葛亮立即了解標會難以大受歡迎的原因。在標會的運作過程中，參與者只是主觀地判斷會首和會腳的人品而無客觀審核的標準，因此倒會的機率相當地高。此外，標會採取願付高息者得標的方式，

而非檢視得標者的借款用途和還款能力，使得意圖不軌之人抱著「拿了就跑」的心態投標。在龐德公的論述中，諸葛亮感受到百姓對於借貸的殷切需求，不僅是拿來應付生活上的急需，還有經商興利的期盼。金融科技是否能夠取代標會，或是將標會的概念融入其中呢？

　　諸葛亮拜別龐德公，心中逐漸浮出問題的答案，也就是 P2P 借貸平台。P2P 借貸平台藉由網路提供借貸資訊，使得出借人和借款人可以直接交易，不需透過銀行或其他金融機構當作中介，因此降低了交易的障礙與成本，而出借人能夠收取較高的報酬，借款人則更容易獲得貸款。為了提高透明度以及促進交易的媒合，P2P 借貸平台經由資料收集顯示借款人的信用或是在平台上評分，甚至進一步揭露借款資金用途、還款來源、債權保障等訊息，讓出借人充分了解借款人的信用和借款的風險。

　　此外，P2P 借貸平台還有債權轉讓的交易方式，也就是出借人可將借款給他人的債權轉賣給投資人。債權轉讓不僅提供給平台另收費用的管道，還創造了債權的流動性，而出借人在債權變現之後，又可把錢借給其他借款人，但是累積過多債務的結果，將會擴

大金融體系的槓桿風險。在諸葛亮腦中的藍圖裡,「礦工」是P2P借貸平台的最佳執行者。「礦工」記錄著各種創新貨幣的交易,媒合雲端商行的生意,穿梭在大街小巷,在人潮聚集處交換資訊,無形中蒐集了許多「大數據」,有助於出借人了解借款人的背景,也提升了借貸的透明度、降低信用風險以及促進P2P借貸的熱絡。

　　諸葛亮運用新創公司的形式設立P2P借貸平台,並將平台命名為「龐氏借貸」,以此感謝龐德公和龐統叔姪的貢獻,但他腦中卻對「龐氏」二字產生反感,總將「龐氏」的印象連結到騙局方面[註5]。諸葛亮決定主導龐氏借貸的經營,以免這個「影子銀行」[註6]失控而引發金融危機。由於P2P借貸平台的設立不需龐大的資金,因此諸葛亮暫不對外募資,打算等到估值較高時再逐漸釋出股權。諸葛一生唯謹慎!諸葛亮本來就是一個做事小心的人,只是被「開外掛」之後,有時採取比較激進的創新作為,但對於龐氏借貸的經營,他斟酌再三,不斷地反覆思考,因為當龐氏借貸深入民間、大受歡迎的時候,千千萬萬百姓的生計將會被串聯起來,所以實在不能草率行事。

　　既然身在襄陽,諸葛亮便以襄陽做為實驗基地,

採用「金融監理沙盒」的概念。「沙盒」原意指的是，工程師開發軟體的過程中，常會建立一個與外界隔絕的系統環境，用以測試軟體功能。「金融監理沙盒」則是指，政府和業者合作設計一個受控制並可改正的監理環境，以實驗測試的方式解決創新金融帶給法規和市場的衝擊，並發展出保護消費者的機制[註7]。諸葛亮先將襄陽的「礦工」納入龐氏借貸的經營網絡之中，並要求「礦工」所服務的借款人只限於交易過免死幣或曾與雲端商行往來的參與者，目的是在了解借款人的前提下，提供給出借人充分的資訊，使得龐氏借貸的交易更有保障。最後，諸葛亮還特別強調龐氏借貸暫不提供債權轉讓的服務。在「金融監理沙盒」中，諸葛亮比較容易修改律令以及經營細節，金融的運作則會更加穩健，日後便可將龐氏借貸推廣至荊州各郡。

諸葛亮選擇以襄陽當作金融科技的實驗地，不僅是由於恰巧身處此地，也因為襄陽是軍事和商業重鎮。在襄陽執行此項創意，更突顯諸葛亮對於 P2P 借貸平台的重視，也藉此引誘周瑜仿效。運用「金融監理沙盒」來做開端，顯示諸葛亮個性謹慎，期望創新金融能夠順利孕育，降低創新所帶來的衝擊。除此之外，諸葛亮還有更深一層的心機。諸葛亮遙望漢水，這條長江最長的支流，他衷心期盼自己的計謀隨著漢水流

進長江，接著深入江東。

　　公瑾，吾等遲早要決一死戰！諸葛亮堅定地望著江水，心中默念周瑜的名字。然而，此時諸葛亮的腦海裡卻浮現出一則新聞報導[註8]，令他感到忐忑不安。2018 年 6 月開始，中國約有 150 家 P2P 借貸平台遭遇困境，有的面臨清盤，甚至還有業者捲款跑路。這種現象被投資人稱為「雷暴」，而第一場「大雷」就是上海著名 P2P 平台唐小僧的跑路，此一平台號稱總用戶數超過 1,000 萬人，成交金額 750 億人民幣。在此之後，「雷暴」打到了杭州這個金融科技的重鎮，各地擔憂血本無歸的「金融難民」奔赴杭州報警。由於報案人數太多，當地政府還將密密麻麻的群眾安置在兩個體育場館之中。P2P 借貸平台發展之初缺乏嚴謹的監管，以至於原本充當借貸雙方中介的若干 P2P 借貸平台，竟然導演了一場又一場的龐氏騙局。

擒縱孟獲太費力，
用眾籌一刀斃命

　　既生瑜，何生亮！周瑜總是嗟嘆思緒和行動慢了諸葛亮一步，往往陷入被動的處境，因此當諸葛亮對於民間借貸抱持保守的態度時，周瑜便想把握機會超前。周瑜明白活絡信貸將是經濟成長的一大動力，而諸葛亮已經利用免死幣、雲端商行等工具為劉備籌資，並以錢莊來發展金融信用，財經實力藉此迅速壯大。在三雄鼎立成形之後，將來比的便是誰有實力燒錢，能否以國力支持大大小小的戰役。民間信貸的消長是周瑜翻轉局勢的關鍵，他知道龐氏借貸的概念是把兩面刃，但周瑜實在不想一直處於挨打的局面，他要更積極地反擊和超越。周瑜設立了「周氏借貸」，雖然抄襲諸葛亮的做法，但在監管上走在諸葛亮的前面，也就是更加地寬鬆，除了廣納參與者之外，更重要的是周氏借貸允許債權轉讓。

　　諸葛亮得知周氏借貸設立之後，內心憂喜參半，喜的是自己的計謀得逞，此舉將令東吳民間債務擴大，財務槓桿風險增加，引發金融風暴的機率升高，而憂的是龐氏借貸的謹慎經營可能會令劉備的創新步伐反被孫權趕上。雖然如此，諸葛亮還是讓龐氏借貸緩慢地跟隨周氏借貸的腳步，逐漸移除經營上的限制。如此一來，在信用擴張方面不至落後太多，在金融體系方面則承擔較低風險。然而，在短期之內，落後的槓桿操作將會造成彼長我消的形勢，諸葛亮對此仍是憂心忡忡，因此他決定以擴張版圖的方式來增強實力，也就是執行「隆中對」裡併吞益州的構想。

　　在隆中對裡，諸葛亮提到「益州險塞，沃野千里，天府之土，高祖因之以成帝業」，而益州地形易守難攻，詩仙李白曾以詩形容「蜀道之難，難於上青天！蠶叢及魚鳧，開國何茫然！爾來四萬八千歲，不與秦塞通人煙」。赤壁之戰後，孫權欲與劉備共同取蜀，也被劉備以「蜀道難」的理由拒絕。劉備說「益州民富彊，土地險阻，劉璋雖弱，足以自守」註9，他糊弄孫權，不予合作，結果自己卻「含淚」攻蜀，最離譜的是劉備奪得益州的過程卻一點也不難。首先，益州牧劉璋的部屬張松主動輸誠、願做內應，並獻出益州山川險要、府庫錢糧之圖，還拉了法正、孟達一起效

力。再者，劉備的假掰又在關鍵時刻發揮作用，不少益州軍民仰望他的仁德，所以劉璋的將士幾乎是「一抓即降」，而且有些將領還會幫忙勸人歸附，像是張飛義釋嚴顏之後，嚴顏擔任張飛軍的前部，可以說是「所到之處，盡皆喚出拜降」，讓張飛悠閒地抵達雒城。

總而言之，劉備攻打劉璋的過程猶如「變形金剛」對戰「迪士尼公主」，一路摧枯拉朽，長驅直入。可惜美中不足的是，益州之戰令劉備折損了一名重要謀士，也就是在落鳳坡被張任射殺的「鳳雛」龐統。到了最後，劉備順利拿下益州的關鍵竟是劉璋。劉璋雖然闇弱，但宅心仁厚，在成都仍有士兵三萬，錢帛糧草還可支撐一年的情況下，他居然說「血肉捐於草野，皆我罪也。我心何安？不如投降以安百姓」。反觀劉備講出的話則是令人噴血，劉備迎接劉璋出降，居然握手流淚說「非吾不行仁義，奈勢不得已也」。至此，劉備靠著厚臉皮已奪荊、益兩州，政經實力在三雄之中銳不可擋。

在三國演義中提到，曹操在劉備取得益州之後，便發兵攻打張魯、佔領漢中，但防禦漢中的夏侯淵又被劉備軍的黃忠所殺，劉備從曹操手裡拿下漢中，而

在更新版的三國演義中，曹操坐困愁城，憂心於北方的通貨膨脹與經濟混亂，劉備與孫權則相約北伐，結果劉備仍然攻下漢中，但孫權卻還是在合肥被曹操大將張遼所敗。合肥的逍遙津之戰，張遼以寡擊眾，這一戰威震江東，聞張遼之名，連小兒都不敢夜啼。聽到這樣的結局，周瑜憂急攻心，臥病在床，久久無法痊癒，他自知即將不久於人世，因此獻出最後一計，就是煽動蠻王孟獲騷擾益州。

周瑜病逝了！諸葛亮悵然若有所失，難過自己失去了一位可敬的對手，但這份傷感並未持續太久，因為他突然驚覺益州南方居然出現了有組織的蠻兵。蠻王孟獲召集了三洞元帥，也就是金環三結、董荼那和阿會喃，一同舉兵來犯。諸葛亮立即派出趙雲、魏延等將領擊退蠻兵，金環三結被趙雲刺死，孟獲、董荼那和阿會喃則被俘虜後釋回。諸葛亮知道孟獲在南蠻素有威望，但如果殺了他的話，難保不會出現另一個「孟獲」，而新的「孟獲」恐怕不會如此容易對付。

關於征服南蠻的計策，諸葛亮認同馬謖的觀點。馬謖是馬良的胞弟，在三國演義之中因為恃才傲物而失去街亭，遭到諸葛亮「揮淚斬馬謖」，但在此之前，他則是諸葛亮所倚重的部屬。馬謖認為「南蠻恃其地

遠山險，不服久矣，雖今日破之，明日復叛」，因此
建議「攻心為上」，這便是後來諸葛亮「七擒七縱」
孟獲的理論基礎。然而，擁有現代金融知識的諸葛亮
只想將孟獲「一刀斃命」，而當前局勢也不容許他耗
費時間征伐南蠻。雖然周瑜已死，但孫權仍有魯肅、
呂蒙以及後起之秀陸遜等謀士，眾人皆虎視眈眈地觀
望著劉備的一舉一動。北方曹操在張遼戰勝之後，雄
心再起，蠢蠢欲動地派兵在襄陽四周打轉。為了避免
深入南蠻境內而難以抽身，諸葛亮想出了間接控制孟
獲的手段，也就是「眾籌」。

　　運用 P2P 借貸平台的概念，周氏借貸和龐氏借貸
發展出眾籌的模式。眾籌（Crowdfunding）又稱作群眾
募資，指的是透過網路平台來說明計畫目標和內容，
在一定時間內向大眾募集設定的資金，以期完成計畫。
通常來說，眾籌是從為數眾多的個人身上募集資金，
每個人所出的資金不一定很多，這是一種聚沙成塔的
概念，而眾籌的管道主要是在網路上進行。以眾籌的
方式和回報來區分，可將眾籌分為四種類型。第一種
是捐贈型眾籌，出資人認同計畫內容並且出錢捐贈，
但是不要求金錢上的回報。第二種是回報型眾籌，出
資人投入資金於計畫之中，獲得計畫完成時所提供的
商品或服務。第三種是債權型眾籌，這是一種類似於

借貸關係的眾籌，募資者承諾按照約定給予出資人利息以及歸還本金。第四種是股權型眾籌，出資人就像新創公司的天使投資者，所出資金就成為募資公司的股權，分享募資計劃的利潤註 10。諸葛亮思考過各種形式的眾籌之後，為了有效地確保南境的安寧，他決定以債權型眾籌來對付孟獲。

諸葛亮在擒獲董荼那和阿會喃的時候，隨即解除繩索束縛，並以酒食衣服賜之，令他們勿再助紂為虐。看到兩人痛哭拜服的模樣，諸葛亮便起意收他們為內應。在董荼那和阿會喃離去不久後，諸葛亮立即遣人與他們長談並獲得允諾，董荼那和阿會喃同意襄助諸葛亮執行「眾籌」的計策。首先，阿會喃將南蠻地區內頗具實力的番王名號和所在地告訴諸葛亮，像是禿龍洞的朵思大王、八納洞的木鹿大王、烏戈國的兀突骨國王等。接著，諸葛亮透過龐氏借貸的網絡發起債權型眾籌，而眾籌目的是以錢財攏絡番王。該計畫事先言明，一旦有效收服南蠻，確保蠻兵不再犯境，出資人可以獲得年息 20% 的利息，並於五年後返還本金，總報酬率有機會翻倍。諸葛亮的計畫受到熱烈迴響，預定的金額很快地就募集完成。他以這筆錢購入奇珍異寶，拿來收買各路番王，要求他們牽制孟獲兵馬。

孟獲得知消息之後，也想派人贈送金銀珠寶拉攏
這些番王。然而，孟獲的財力遠不如諸葛亮，雖然以
他的號召力來說，不需要跟諸葛亮在贈禮上互別苗頭，
但手筆也不能太過寒酸。除此之外，興兵動眾也需不
少銀兩，因此諸葛亮的銀彈攻勢仍對孟獲產生壓力。
就在此時，董荼那在一旁煽風點火，慫恿孟獲也用眾
籌反擊諸葛亮，而孟獲竟然不加思索，立即點頭答應。
在董荼那的粗糙規劃下，孟獲派人前往南蠻百姓的聚
集地募資。孟獲的眾籌計畫承諾給予出資人每年 30%
的利息，並於十年內償還本息，而本息的來源則取自
於劫掠益州之所得。南蠻人民擁戴孟獲，也相信他能
履行承諾。孟獲的眾籌十分地成功，令他得以順利取
得各路番王助陣，瞬間集結聲勢浩大的蠻兵，蓄勢待
發與諸葛亮一戰。

在三國演義之中，孟獲被諸葛亮七擒七縱，最終
泣拜臣服。其實以當時情況來看，孟獲並非完全是受
諸葛亮之德而降，最主要是因為南蠻兵力已被孟獲消
耗殆盡，就算想打也無力再打。諸葛亮吃定孟獲好對
付，因此一再捉放孟獲，讓他在南蠻到處「收刮」人
力物力，把所有蠻兵都帶來送死，最後孟獲擔心自己
會被南蠻人「蓋布袋」毒打，才趕緊投向諸葛亮這個
大靠山，還哭著說「七擒七縱，自古未嘗有也。吾雖

化外之人，頗知禮義，直如此無羞恥乎？」。然而，今時今日的諸葛亮可沒心情陪孟獲演這齣戲，他只想盡速制伏孟獲，使得南境長保安寧。諸葛亮引誘孟獲採用眾籌，將戰線從實體戰延伸到金融戰。

孟獲親率數十萬蠻兵，卻被諸葛亮用計突襲，導致蠻兵自相衝突踐踏，孟獲則又被俘虜，而協助孟獲的各路番王也沒好下場。銀冶洞二十一洞主楊鋒感念諸葛亮的活命之恩，假意引兵來助孟獲，結果趁機擒住朵思大王。深通法術、懂得召喚野獸的木鹿大王則被諸葛亮製作的油車假獸噴火襲擊，導致木鹿大王的惡獸反撲蠻兵，木鹿大王自己也死於亂軍之中。最後則是兀突骨國王率領的藤甲軍，藤甲軍號稱刀箭不入，而且藤甲製作過程繁複，「其藤生於山澗之中，盤於石壁之上；國人採取，浸於油中，半年方取出曬之；曬乾復浸，凡十餘遍，卻才造成鎧甲」，但搞笑的是，如此辛苦製作的藤甲居然是易燃物，被諸葛亮用火藥一燒就灰飛煙滅了。

此時，孟獲的眾籌目標徹底失敗，不要說 30% 的利息，借款人就連本錢都拿不回來。孟獲的債主成千上萬，他不知該如何面對鄉親父老，更擔心自己被眾人圍毆。諸葛亮眼看孟獲搖尾乞憐的模樣，便順勢提

供孟獲解套的辦法。諸葛亮再度釋放孟獲，要求他促使南蠻百姓歸順，同時協助劉備掌控南蠻經濟命脈，而諸葛亮則承諾以十年的時間償還孟獲的眾籌本息。雖說男兒有淚不輕彈，但是孟獲沒有選擇的餘地，只好含淚答應成為「債奴」，任憑諸葛亮差遣。

由於從南蠻徵收的稅賦或進貢不足以償債，諸葛亮運用財技以長支短，發行殖利率 8% 的二十年期債券來籌資，用以支付南蠻相關的眾籌本息，避免南蠻債務排擠軍需。雖說諸葛亮也可選擇出脫雲端商行和龐氏借貸的股份，但他認為這兩個獨角獸的生意蒸蒸日上，未來的估值將會更高，因此想要之後再來出售。與此同時，諸葛亮也想藉機發展債券市場，準備日後用來顛覆東吳政權。

債券市場將是孫權的墳場！諸葛亮這樣告訴劉備。

參考資料（註）：

1. Clement Ancri, Fintech Innovation: An Overview, 19 October 2016

2. P2P 借貸也稱社交借貸、網路借貸，是指個體和個體之間通過網路平台所做的直接借貸。料來源：維基百科

3. Patrick Schueffel, Taming the Beast: A Scientific Definition of Fintech, 2016

4. 互助會（標會），維基百科

5. 龐氏騙局是指欺騙投資參與者，拿後來投資者的錢給之前的投資者當作回報

6. 影子銀行指的是，非銀行的中介機構提供類似銀行的金融服務。資料來源：維基百科

7. 王儷容，金融監理沙盒之美麗與哀愁，2017

8. BBC，P2P 雷暴潮：誰製造了中國的「金融難民」，2018 年 7 月 25 日

9. 三國志：裴松之註

10. Garry A Gabison, Understanding Crowdfunding and its Regulations, JRC Science and Policy Report, 2015

第六回 信託

起心動念身後事，
莫使功業頓成灰

　　雲端商行的運作促使貨暢其流，也令訊息更快地
在民間傳遞。諸葛亮收到潛伏於曹營的細作書信，內
容與民間的傳言大同小異，消息同時指出曹操繼承人
的爭奪戰已經開打。曹操妻妾成群，兒子有 25 個[註1]。
長子曹昂在張繡反叛之戰中身亡，三子曹彰有勇無謀，
而曹操最寵愛的神童曹沖則因病早夭。按照慣例來說，
次子曹丕理應成為曹操的繼承人，但偏偏曹操又很喜
歡才氣縱橫的四子曹植。曹植有楊修相助，每每遇到
曹操問以軍國大事，曹植皆能對答如流。楊修是曹操
的主簿，處理內外之事大多符合曹操的心意。然而，
曹植為人性情奔放，不善於政治鬥爭，屢屢遭受曹丕
設計陷害，使得曹操對於曹植的印象越來越差。此外，
矯情且工於心計的曹丕時常在曹操面前演戲，還會耍
手段令曹操厭惡楊修，例如在曹植表現出色之時，曹

丕便買通曹植左右，偷出楊修為曹植準備的問答對策
給曹操，曹操覺得受騙，對於兩人的行徑深感不滿，
更想藉機除掉楊修[註2]。反觀曹丕，除了自身充滿宮廷
鬥爭的強大細胞之外，還找到比他更會演戲的司馬懿
助陣，因此逐漸獲得曹操的信任，最後正式成為曹操
的繼承人。

劉備雖然沒有「子孫滿堂」的困擾，但繼承人的
問題依然令他頭痛萬分。劉備四十多歲才與甘夫人生
下劉禪，之後又有劉永和劉理兩個兒子，與孫權之妹
孫夫人的婚姻乃是政治聯姻，劉備看到「極其剛勇」
的孫夫人時，恐怕既無心也無力，因此兩人沒有生下
任何子女。由此觀之，劉備的繼承安排似乎相當單純，
長子劉禪是個毫無爭議的繼承人。然而，毫無爭議是
一回事，是否應該憂慮又是另一回事。原來劉備初到
荊州之時，收了羅侯寇氏之子寇封為養子，寇封便改
姓成為劉封。當時關公就跟劉備說此事「後必生亂」，
但隨即被劉備嗤之以鼻。劉封「有武藝，氣力過人」，
從博望坡之戰開始，經歷赤壁之戰，一直到劉備入蜀，
幾乎無役不與。相較於劉禪的平庸，劉封更有資格成
為劉備的繼承人。正因如此，劉封「處嫌疑之地，而
思防不足以自衛」[註3]，也就是說劉封的表現令人不得
不懷疑他有更上層樓的居心，而他為人又不懂得低調，

最後終於招致禍患。

　　在三國演義之中，關公北伐曹操，曾經奪得襄陽，但東吳呂蒙卻趁機偷襲荊州，導致關公敗走麥城。關公派出廖化向劉封、孟達求援，結果被兩人以駐地上庸「山城初附，民心未定，不敢造次興兵，恐失所守」為由拒絕。後來，關公被孫權擒獲，斬首獻給曹操。除此之外，劉封與孟達不和，劉封還奪了孟達的軍樂隊，孟達不爽遭受劉封欺負，又擔心劉備將關公之死怪罪於他，於是便投曹丕。當時諸葛亮要劉備命劉封攻打孟達，令兩虎相拚，而劉封不管是贏或輸，必回成都覆命，到時便可將他剷除，以絕後患。

　　其實根據史實三國志的記載，劉封似乎罪不致死。關公是在舉兵攻打襄陽、樊城之際，要求劉封、孟達派兵相助，而並非在兵敗時求救。在此之前，劉封和孟達才剛接受上庸太守申耽出降，上庸確實初附不穩，貿然調兵前往襄樊，難保不會發生意外。此外，孟達覺得劉封欺負他，又怕被劉備怪罪，因此投奔曹營，而這件事也不能全都怪罪於劉封。平心而論，劉封該死的原因就是他身處繼承的暴風圈中，而諸葛亮「慮封剛猛，易世之後終難制御，勸先主因此除之」，也就是諸葛亮擔心劉禪即位之後，難以駕馭劉封，只好勸劉備藉機把他給

殺了，方能穩住劉氏基業。

　　在更新版的三國演義裡，關公仍然穩守襄陽，雖然他看劉封不順眼，但劉封有功無過，在劉備陣營裡依然是顆耀眼的明日之星。然而，劉封的鋒芒越露，劉備的頭就越痛。在生了一場大病之後，劉備又聽聞曹營的世子爭奪戰，迫使他不得不認真地思考身後事，於是找來諸葛亮討論繼承問題。劉備心中自然屬意親生兒子劉禪繼位，但又擔心屆時劉封功高震主，導致群臣無所適從或是各擁其主。尤其劉備入蜀之時，劉禪還不到十歲，劉封則已二十多歲，具備年齡上的優勢。承襲舊有的傳統觀念，劉備想與諸葛亮討論的重點是顧命大臣的人選。

　　顧命大臣是帝王臨終之前，受託輔佐新王治國的大臣。雖說劉備身體仍然健壯，但深思繼承所衍生出的問題之後，令他將眼光放得更遠一點，不僅想要提前選定顧命大臣，還要在日後堅定這群人支持劉禪的決心，並且拔擢他們升至關鍵的官職，扎扎實實地穩住劉禪的地位。諸葛亮順應劉備的想法，除了自己之外，他們共同想出蔣琬、董允、費禕等三個人選[註4]。可是諸葛亮認為顧命大臣的機制還不足以避免紛爭，因為顧命大臣之間可能隨時產生齟齬，隨著時間流逝

和利益考量，對於劉禪的支持也會生變，何況劉封於軍中的聲望遠勝劉禪，而將領們的想法亦是左右時局的關鍵。為了採取更靠譜的做法，諸葛亮向劉備提出了信託的概念。

信託是指財產所有人（或稱委託人）與受託人簽訂契約、指定受益人，並將財產交付給受託人，而受託人則依照契約內容來管理和處分信託資產。以個人傳承財產的角度來看，信託契約像是一種金融遺囑，可以制式化或按照委託人的需求來擬定。當委託人擔心自己百年之後，家族出現爭產的情形時，他可以將金融商品、房屋土地等等資產交付信託，並在信託契約裡明訂自己的使用方式以及身後的分配比率，甚至列出條件式的分配方法。例如，委託人可以寫明在過世之後，將信託資產平分給配偶和所有子女，但倘若子女尚未到達一定的歲數時，只能先拿一半的份額，等到年滿指定的歲數時才可拿完餘額，甚至還可規定子女完成某件事情之後方能取得分配。

信託的受託人通常是金融機構的信託部門或是獨立的信託公司，而信託內容的執行是基於法律和契約條文，並非根據爭產者或關係人的七情六慾，因此在過程中可以客觀地符合委託人的意願，免除不必要的

紛爭。正由於信託像是一種脫產的形式，然後再以契約規定各方權利與義務的關係，所以信託需要建立在完整的法源基礎之上，而委託人在挑選受託人時也要謹慎，避免信託資產遭到侵吞或者不當管理。

諸葛亮解釋完信託之後，他望著劉備的臉部表情，想要探究劉備是否理解。諸葛亮有時覺得劉備像是一個陌生人，因為劉備沒有矯揉造作的時候，臉上喜怒哀樂皆不形於色，從他的「厚臉皮」難以看出內心真正的想法。當然，在諸葛亮說出這種超越時空的概念時，他也不奢望劉備能夠立即回應，於是他緊接著將信託概念連結到劉備的繼承安排。諸葛亮要求劉備頒訂明確的信託法令，使得錢莊或具有聲望的商行能夠辦理信託業務，也提供信託需求方容易取得服務的管道。在法令頒布之後，諸葛亮要劉備將所有的家產，包括地契、金銀珠寶、免死幣、甚至雲端商行和龐氏借貸的股權全都納於信託名下。信託的主要受益人便是劉禪，劉禪可以在劉備過世之後獲得絕大部份的財產，而其他受益人如劉封等人則可收取小部分的財產以應付日常開銷。

劉備聽完之後，笑逐顏開地同意了這份信託規劃，因為透過信託安排，他可保全劉封的性命，同時使得

劉禪掌握住絕對的優勢。自從劉備三顧茅廬以來，諸葛亮一直灌輸他有關金錢的重要性，劉備也認同這場逐鹿中原的大戰其實就是金融戰。當劉禪握有財力上的優勢，再加上雲端商行和龐氏借貸所帶來源源不絕的收入時，劉封膽敢挑戰劉禪的可能性便大為降低，而文武百官為了自身利益，也不會支持一個阮囊羞澀的謀逆者。除此之外，諸葛亮以法令推動信託的目的，便是期盼豪門望族也能積極參與，使得信託更加普及於民間。如此一來，劉封便不敢心生歹念，肆意搶奪信託資產，因為破壞信託運作也就等於直接向豪門望族宣戰。

除了劉封之外，劉備還有劉永和劉理兩個兒子，他實在不願見到這些孩子活在仰人鼻息的恐懼之中，諸葛亮也不願劉封得知信託安排之後感到心灰意冷，無心騁馳於沙場之上。為此，諸葛亮在信託契約上額外增訂條款，內容寫明當劉備逝世後，劉封、劉永和劉理三人可依功業與德行領取封地，但是封地所收稅賦會先交由受託人管理，在三人持續效忠劉禪的前提下，受託人才會按時轉交稅賦給予三人。此一信託安排令三人難以據地稱王、對抗劉禪，但仍擁有尊榮與財富，而劉備在世之時，信託內容可以隨時變更，因此這些孩子仍有力爭上游的動力。

　　看似規劃周詳的信託，卻在即將設立之際，劉備居然緊握諸葛亮的雙手並提出一項要求，這項要求充分發揮他假掰的性格，令人雞皮疙瘩掉滿地，青史上則是無人能出其右。劉備告訴諸葛亮「若嗣子可輔，輔之；如其不才，君可自取」，也就是說屆時劉禪不夠格的話，劉備便要諸葛亮取而代之。聽到如此言不由衷的話時，令人真想穿越時空飛踢劉備。不過，諸葛亮卻很吃劉備這一套，屢屢被劉備戳中哭點，經常感動到痛哭流涕，他回覆說「臣安敢不竭股肱之力，盡忠貞之節，繼之以死乎」。事實證明，諸葛亮日後不僅竭盡股肱之力，還用了「洪荒之力」做到「鞠躬盡瘁，死而後已」。諸葛亮發明信託的創舉，很快就受到豪門望族以及商人們的喜愛，尤其是家中情況複雜、妻妾成群之人。信託順勢成為上層階級傳承家業的主要工具，就連曹操和孫權也開始頒布法令支持信託發展。諸葛亮對於信託大受歡迎絲毫不感意外，而令他意外的是，此時內心豁然開朗，心中的大石頭終於放了下來。

　　仲達！吾等無緣於沙場上相見了！諸葛亮笑望北方。笑著笑著，諸葛亮腦中閃過一句話「好的老師帶你上天堂，不好的老師帶你住套房」，這句話將他的思緒帶到 2016 年的台灣，而心中所想的是，傳承規劃

的好與壞確實是「天堂」和「套房」的分別。2016年
1月,長榮集團創辦人張榮發去世,留下一紙遺囑要將
名下財產全都贈與二房之子張國煒,並指定他接任集
團總裁[註5],還要求老臣做為遺囑執行人,但繼承遺產
的張國煒所握股權不敵大房子女,因此隨即被罷黜總
裁之位,「先帝遺詔」形同廢紙,「顧命大臣」也陣
前倒戈,張國煒只好帶著資金另組航空公司。反觀台
塑集團,透過王永慶和王永在的信託規劃,以五大信
託掌控企業股權,不讓股權因繼承分家而被切割,企
業方能永續經營[註6]。想到這裡,諸葛亮的內心感到更
加踏實,開始準備讓曹丕和司馬仲達「住套房」的計
策。

諸葛巧施疑心計，
司馬避禍遠廟堂

　　司馬懿，字仲達，為官經歷曹操、曹丕、曹叡、曹芳四代君主。司馬懿是諸葛亮北伐時最在意的對手。在三國演義中，曹丕死後，司馬懿立即上表請守西涼等處，曹叡便封司馬懿統領雍州、涼州兩地的兵馬，而諸葛亮則聽從馬謖之計，趁機以司馬懿之名貼出告示，宣稱曹叡無德，將要興兵討伐他，此舉令曹叡相當驚疑，於是便將司馬懿削職回鄉。然而，在諸葛亮北伐連戰告捷、步步逼近之際，曹叡聽從太傅鐘繇之言，重新起用司馬懿。當諸葛亮聽到這個消息的時候，大驚嘆曰「所患者為司馬懿一人而已」。從那時開始，諸葛亮的北伐便為司馬懿所阻，再也無法向前推進。在曹芳繼位之後，大將軍曹爽專擅朝政，司馬懿趁機發動高平陵之變並誅殺曹爽，自此曹魏大權便落於司馬家。過了十數年，司馬懿次子司馬昭消滅蜀漢，司

馬家的**聲勢**更是如日中天，司馬昭的謀逆之心「路人皆知」，最後司馬懿之孫司馬炎篡魏稱帝，改國號為晉。在東吳孫皓出降後，三分歸晉，三國時代正式結束。

　　談到司馬懿厲害之處不僅在於軍事上的才華，而且他還是三國時期眾所公認的「影帝」。根據晉書記載，建安六年，曹操任職司空，聽聞司馬懿的名聲後，想要任用他，但當時的司馬懿認為漢朝國運正衰，不想在曹操底下做事，因此便藉口得了痛風之類的病，宣稱無法正常起居。曹操對此相當懷疑，派人夜探司馬府，結果司馬懿就馬上一動也不動地躺著，演技精湛，令人不得不信。在電視劇《軍師聯盟》就巧妙地演出司馬懿裝病之事，其中一段戲是司馬懿請夫人張春華幫忙曬書，張春華放妥書後便回到屋內，突然一陣傾盆大雨，當時假裝殘廢的司馬懿趕緊衝去收書，身手矯健的模樣被一位監視他的下人見到。就在此時，張春華也剛好走了出來，隨即追殺心虛逃跑的下人。

　　晉書沒說司馬懿究竟裝病裝了多久，但提到建安十三年，曹操自為丞相之後，又徵司馬懿為文學掾。這一次，曹操不給他任何演戲的機會，直接就說「若復盤桓，便收之」，也就是說司馬懿再猶豫不決的話，

便命人把他抓起來。司馬懿畏懼，只好乖乖接受徵辟。
按照晉書的說法，司馬懿似乎不想服侍曹操，但根據
魏略的描述，司馬懿並非如此表現。魏略記載，司馬
懿好學，而曹洪自認才疏學淺，因此想找司馬懿來幫
他，結果司馬懿瞧不起曹洪，就假裝拄著拐杖不去，
後來曹洪去跟曹操打小報告，曹操便派人徵召司馬懿，
司馬懿竟然立刻丟下拐杖前去效命。姑且不論何者版
本為真，可以確定的是司馬懿很會演戲並且城府深密。

　　然而，曹操也不是省油的燈，一生可以說是閱人
無數。在幾次接觸司馬懿之後，曹操發覺司馬懿有「豪
雄志」而且聽聞司馬懿有「狼顧相」，因此想要親眼
瞧瞧。有一次，曹操要求司馬懿往前走，然後突然在
背後叫他一聲，結果司馬懿就身未動而面向後，出現
了像是狼回頭的模樣。在此之後，曹操夢到「三馬同
食一槽」，就好像司馬懿、司馬師、司馬昭父子「三馬」
一起「吃曹」，於是曹操開始厭惡司馬懿，並且告訴
曹丕說「司馬懿非人臣也，必預汝家事」註7，勸誡曹
丕不可重用他。可是曹丕與司馬懿交情匪淺，因此曹
丕經常在為司馬懿辯解，司馬懿則不忘繼續發揮演技，
勤於政事，甚至廢寢忘食，全力演給曹操來看，曹操
才逐漸摒棄成見。

　　當信託流行到北方之後，諸葛亮立即察覺機會難得，他要喚回曹操對於司馬懿的猜忌，並透過信託堵死司馬懿的仕途之路，而且還要令他難以翻身。諸葛亮吩咐細作打聽曹操與曹丕之間的對話，然後模仿司馬懿的筆跡將對話抄錄在竹簡上。細作把竹簡安置於曹丕府內，並放消息給曹操左右。曹操得知之後，立即命人從曹丕府內取出竹簡。曹操看完竹簡內容，感到有種被人玩弄於股掌之上的憤怒，就像當年拿到楊修為曹植準備的問答對策一樣。曹操痛恨這些自認聰明的謀士，也憂心楊修和司馬懿之流成為曹家背後的操控者。正因如此，曹操藉故殺了楊修，而現在的他不覺地又對司馬懿起了殺機。對此轉變，曹丕仍然盡力維護司馬懿，曹操則陷入長考。諸葛亮一計不成，又生一計。

　　一日，司馬懿夜裡赴宴，宴席乃許都城內望族所設下。司馬懿對於宴席聚會總是特別小心，但這次實在經不住主人家一再邀約，在清楚赴宴人士的背景後才欣然答允。宴席上，主人家帶領賓客頻獻殷勤，眾人皆視司馬懿為朝廷的明日之星。司馬懿本人則是謙沖以對，還屢屢岔開這些不該談論的話題。主人家見司馬懿窮於應付，隨即將他引入後堂。不到一盞茶的時間，一名朝臣來到主人家的府邸，也被家奴帶進後

堂。司馬懿一見此人，立即大驚想要奪門而出，而這名朝臣也是一臉惶恐。原來此人剛被曹操任命為規劃信託的大臣，他與主人家的父親相熟，幾日之前曾收書畫贈禮，今日約好前來回禮，不料誤被家奴引至後堂。正當主人家怒責家奴之際，兩名賓客醉醺醺地闖入後堂，直嚷著要向司馬懿敬酒，主人家趕緊喝令家奴將賓客帶回宴席上，自己則送司馬懿低調離去。隔天清晨，天剛拂曉，一則有關司馬懿干涉信託的傳言卻不脛而走。這一切的一切自然皆是諸葛亮的安排，宴席中的主人家投入不少資金在雲端商行和龐氏借貸，而他早已認定曹家氣數將盡，為了盡快於劉備面前立功，他對諸葛亮的吩咐可說是盡心竭力。

曹操本就懷疑司馬懿野心勃勃，也憂心他會干預曹家之事。在諸葛亮巧施疑心計後，曹操便下定決心要剷除司馬懿。曹丕眼見難以動搖曹操的想法，只好妥協來換司馬懿免死，條件就是司馬懿必須下野並且不能干涉朝政。曹操為了避免曹丕日後反悔，因此在信託裡增訂條款。在最初的信託中，曹操將所有重要的家產全都放進信託，期望透過信託機制使得曹家後代擁有穩定的財源，以免不肖子孫敗光家產。為了對付司馬懿，曹操立下了「司馬家條款」，信託寫明只要曹家子孫起用司馬家之人，便喪失享用信託資產的

權利，而受託人可以會同曹氏宗親，酌情選出適合的繼承人。曹操瞭解曹丕，或者說他了解人性，雖然曹丕看重司馬懿，但他絕不會跟錢過不去，因為統理朝政、抗衡孫劉全都需要花錢。況且對於曹丕來說，最可怕的是，假使信託資產落入他人之手，他便無法穩坐王位。

司馬懿憂讒畏譏，更怕惹上殺身之禍，他聽到風聲後，隨即稱病辭官。曹丕萬般不捨，卻也無可奈何。在曹操立下「司馬家條款」之後，曹丕也不敢與司馬懿過從甚密，而司馬懿不但無法施展抱負，還得擔心司馬家的前途。雖然此刻的司馬家仍居京畿要地，但實際上卻是遠離廟堂。司馬懿畢竟有「豪雄志」，他的心仍然未死，還想透過精湛的演技令曹操改變心意，因為只要曹操還在的一天，信託內容就可變更。諸葛亮雖知「窮寇莫追」，但也深怕司馬懿東山再起，於是他再派出「主人家」登門拜訪。「主人家」心懷愧疚地頻頻向司馬懿致歉，並在司馬懿父兄面前提出一項令人心動的提議。

「主人家」知道司馬家已被阻斷仕途，便想贈予司馬一脈詩書傳家的名望，也就是將自家多處私塾交由司馬家打理。司馬懿內心清楚，這項提議給了司馬

家吸收人才、干涉朝政的管道，但曹操知道後必定更加猜忌，自己便無翻身的機會。然而，他又不敢要求父兄將司馬家的未來押注在他的演技上。司馬懿深深地嘆了一口氣，他不再是司馬家的救星，反倒像是一顆絆腳石，因為父兄的眼神已將答案告訴「主人家」。司馬家開始在私塾教授詩書，寄望多年後於朝堂之上再具影響力，而這個「多年後」已非諸葛亮所需擔心之事。對於諸葛亮如此在意司馬懿的行徑，甚至為此毫無保留地推行信託，劉備雖然不解，卻也只好支持。只是劉備「旁觀者清」，他擔心諸葛亮太過專注於陷害司馬懿而忽略了信託盛行之害。

為除司馬一人，恐將招致後患！劉備這樣告訴諸葛亮。

參考資料（註）：

1. 據《魏志・后妃傳》及《武文世王公傳》，曹操妻妾可考者有 15 位。據《魏志・文帝紀》、《任城陳蕭王傳》、《武文世王公傳》，曹操的兒子有 25 位。資料來源：維基百科

2. 在三國演義之中，曹操隨口說出軍營的夜間口號「雞肋」，楊修解讀「雞肋者，食之無肉，棄之有味」，所以提醒夏侯惇可以先收拾準備撤軍，結果曹操知道後大怒曰「汝怎敢造言，亂我軍心」，因此趁機將楊修斬首

3. 陳壽，《三國志》〈蜀書十：劉彭廖李劉魏楊傳〉

4. 諸葛亮、蔣琬、董允、費禕等四人被稱為蜀漢四相

5. 商業周刊 1476 期，一紙遺囑逼長榮大房架空張國煒內幕，2016 年 2 月 25 日

6. 天下雜誌 431 期，台塑王朝不會變天，2011 年 4 月 13 日

7. 房玄齡等撰，晉書帝紀第一：宣帝

第七回 CRS

曹丕稱帝起狼煙，
財貨避稅入信託

　　建安二十五年（西元 220 年），曹操逝世，世子曹丕接替魏王、丞相之位。曹操過世之前曾說「若天命在吾，吾為周文王矣」[註1]，周文王未滅殷商之前就已身亡，到了其子周武王才誅殺商紂，建立周朝。曹丕倒是明白曹操的心意，即位之後，同年就逼迫漢獻帝禪讓帝位，篡漢自立，成為魏朝的開國皇帝。

　　在三國演義中，曹丕繼位的過程並非十分順利，而是產生了若干風波。首先，群臣分裂為兩派，一派主張立即嗣位，一派則要求取得天子詔命，結果華歆草擬詔書，逼迫漢獻帝下詔，方才解決曹丕的窘境，但在慶賀之際，曹丕之弟曹彰率領十萬大軍前來，把曹丕嚇了好大一跳，急遣諫議太夫賈逵試探曹彰。曹彰不敢造次，隻身入內拜見曹丕，並交付本部軍馬。

最後，曹植不肯前往奔喪，還被曹丕派兵抓來。曹丕逼他七步成詩，曹植則曰「煮豆燃豆萁，豆在釜中泣。本是同根生，相煎何太急」，曹丕潸然淚下，母親卞氏趁機出來相救，曹植才死裡逃生。然而，在曹操設立信託之後，這些戲碼便不用上演了，因為信託的受託人按照信託內容執行曹操的遺願，曹丕不必擔心他人爭奪王位，曹彰和曹植也不用怕被曹丕藉故賜死，眾人受到信託的約束，當然就無需營造劍拔弩張的氛圍。

眼看曹丕稱帝，諸葛亮便率群臣上表，建請劉備即皇帝位。劉備怎肯放過這個發揮演技的大好機會，他狀似驚嚇地不斷推辭，還生氣地說「卿等欲陷孤為不忠不義之人耶」，逼得諸葛亮講出「天與弗取，反受其咎」這麼扯的話，劉備才半推半就地接受玉璽，國號仍為「漢」，史稱蜀漢。孫權的稱號則仍是吳王，他一直撐到西元 229 年才正式稱帝。

更新版的三國情勢發展至此，產生了關鍵性的改變。曹操在世之時，挾天子以令諸侯，本身又是一代梟雄，雖然兵敗赤壁，但餘威猶存，而曹丕不僅沒有曹操的威望，還砸了漢室的招牌，失去號令天下的正當性，此舉促使孫劉聯盟蠢蠢欲動，意圖聯手北伐。

可惜的是，孫劉聯盟外親內疏，對於北伐之事，各懷鬼胎，深怕走錯一步，便在無意間壯大對手的實力。雖說戰事並非一觸即發，但各地豪門望族已經嗅到濃濃的煙硝味，開始擔心將被徵收更多的稅賦。商人對此反應最為靈敏，他們尋求各種避稅管道，最後發現信託除了可以傳承財富、節制子孫之外，還能用來隱匿家產。

當委託人設立信託並且放入財產的那一刻，這些財產名義上的擁有者就變成受託人。除非委託人自行洩露，否則信託的內容只有委託人和受託人知道，因此信託具有隱匿性。商人利用此一特性，紛紛設立信託，而且還至他國進行，蜀國的商人去到吳國，吳國的商人則來到蜀國。信託的隱匿性再加上兩地金融互不相通，對於商人來說，信託資產會被孫劉徵稅的機率極低。況且，之前諸葛亮只將心思放在司馬懿身上，絲毫沒有留意信託造成徵稅上的困難。然而，就算諸葛亮預作準備，想要遏止逃稅也絕非易事。這並不是說諸葛亮無能，而是從古自今，稅法修訂總是落後於避稅規劃和金融創新。

商人的避稅行徑引發豪門望族跟進，這股「信託瘋」主要盛行於吳蜀兩國。吳蜀表面友好但卻不親密，

而魏國則是敵國，商人們擔心信託設於魏國境內，雖然隱匿性更好，可是難保家產不被沒收。此時的諸葛亮終於領悟到劉備所擔憂之事，信託給了富商大賈、豪門望族避稅的渠道，而稅賦乃國之基石，徵不到稅便無法支撐戰事。信託的普及導致官民之間產生衝突，官方力阻民間利用信託逃稅，富豪們則吃定孫劉不會為了徵稅而破壞信託制度，也不敢以此得罪上層階級。

　　既然信託建立於法令基礎之上，若要避免信託被用來逃稅，就必須修改法令。解決之道並非以法令破壞信託制度，而是另立一法輔助信託運行，諸葛亮如此告訴劉備，同時從腦海中搜尋出 CRS 這個名詞。CRS 的全名是 Common Reporting Standard，也就是共同申報準則。當兩個國家加入 CRS 並互相簽署協定之後，甲國就會將境內乙國稅務居民的金融帳戶資訊提供給乙國，而乙國也會將甲國稅務居民的金融帳戶資訊提供給甲國。CRS 是金融帳戶資訊「主動」和「自動」的交換準則，有別於過去的協議是基於調查或犯罪等「被動」的要求。

　　CRS 是由經濟與合作發展組織（OECD）所創，概念來自於「肥咖條款」（FATCA）註2。FATCA 和 CRS 的起源是由於 2008 年金融海嘯之後，各國政府採用財政

政策救市，導致財政入不敷出，高資產人士又利用海外帳戶逃稅，因此各國政府便以協定要求金融機構配合。FATCA 是美國政府要求他國金融機構提供美國人的帳戶資料，而 CRS 則是各國互相提供稅務居民的帳戶資料，目的都是要幫政府掌握本國稅務居民的海外金融資產，進而執行追稅。若有不配合 FATCA 的金融機構以及拒絕加入 CRS 的國家，結果將會招致懲罰或被列入制裁的黑名單之中。

　　CRS 不會破壞信託傳承，卻可破解信託的避稅功能。一般來說，如在海外規劃信託的話，甲國委託人會找乙國金融機構設立信託，而乙國金融機構則會在低稅率或零稅率的丙國成立境外公司，並以乙國金融機構的信託人員擔任丙國公司的股東和董事。乙國金融機構會將丙國公司納入信託架構中，之後便以丙國公司持有委託人的資產。在這樣的架構之下，甲國政府難以掌握該名委託人的海外資產。然而，在各國簽訂 CRS 並主動交換資訊後，架構內錯綜複雜的關係就被一覽無遺，甲國委託人的金融資產便將無所遁形。

　　諸葛亮把 CRS 的概念告訴劉備，並要劉備遣使說服孫權互換金融資料，方能徵收足夠的錢糧，共同對抗曹丕。劉備反覆推敲諸葛亮之策，也就是要孫權將

吳國境內蜀國人的資產透露給蜀國，而蜀國則回報境
內吳國人的資產給予孫權。想通 CRS 的概念之後，劉
備欣然同意頒布此法，但卻懷疑孫權是否願意接受，
畢竟金融帳戶資料極為敏感，而孫權又不時被劉備和
諸葛亮糊弄，只怕會將這項合作提議視為陰謀詭計。
諸葛亮知道說服孫權的任務相當困難，本欲親自出馬，
但想起自己曾以期貨設計孫權，又令孫權賠了胞妹孫
夫人，此去吳國恐將九死一生，於是便打消了親訪的
念頭。

　　和合二國，唯有鄧芝！諸葛亮心中浮現出使臣的
人選。

天無二日，
鄧芝取信孫權

　　鄧芝，字伯苗，他是改善吳蜀關係的決定性人物。在三國演義中，劉備為了幫關羽報仇，起兵七十餘萬，御駕親征伐吳，卻被陸遜燒營七百里，劉備大敗退至白帝城。在劉備逝世後，曹丕即用司馬懿之計，欲起五路共五十萬兵馬攻打蜀國，而諸葛亮則立即提出退兵之策。第一路是被魏國賄賂的鮮卑國王軻比能，諸葛亮的因應之道是命馬超率領羌人緊守西平關。第二路是蠻王孟獲，諸葛亮派遣魏延以疑兵之計嚇阻孟獲推進。第三路是降魏的孟達，諸葛亮請出孟達的生死之交李嚴勸說，迫使孟達稱病不出。第四路是魏國大都督曹真，他欲直取陽平關，諸葛亮便派趙雲把守關隘但不出戰，預料曹真久攻不下，自會退兵。然而，最令諸葛亮憂心的是第五路軍，也就是孫權軍。雖說孫權抱持觀望的態度，但卻是最大的威脅。若是四路

不濟，皆被諸葛亮之計所退，孫權便會按兵不動，可是只要四路兵勝，蜀國危急，孫權必來相攻。諸葛亮不想處於被動，於是他派出鄧芝前往吳國，先與孫權重修舊好，然後再退四路之兵。

在三國演義裡，諸葛亮曾於江東舌戰群儒，赤壁之戰結束時又騙取荊州，而後貴為蜀國丞相，所以不宜涉險親訪吳國。當時的鄧芝官至戶部尚書，在劉備伐吳逝世、劉禪登基的氛圍中，卻仍敢說「今主上初登寶位，民心未安，當與東吳連合，結為唇齒，一洗先帝舊怨，此乃長久之計也」。鄧芝與諸葛亮理念契合，因此成為出使吳國的不二人選。經歷被諸葛亮「偷拐搶騙」，孫權對於蜀國使者存有極大的戒心，而鄧芝所受的「待遇」可說是前所未見。

孫權同意接見鄧芝，但卻聽從張昭之言，派出身長面大的武士一千人，陣容從宮門排列到殿前，並放置一大鼎熱油，下用炭火持續燒沸，擺出一副烹殺鄧芝的氣勢。然而，鄧芝毫無懼色，譏諷孫權竟然怕他一個儒生，同時表明此行是為吳國利益而來。孫權見到鄧芝臨危不亂，只好裝出豁達大度的模樣，斥退武士並賜座給鄧芝。鄧芝也不囉嗦，像跟小孩說話似地問孫權要跟誰好。孫權對於當前局勢了然於心，欲跟

蜀國講和，但又憂心劉禪年輕識淺，只記父仇而容易被人左右。鄧芝了解孫權，他便指出孫權更該擔心的人其實是曹丕。鄧芝提及吳蜀兩國若是和好，進則兼吞天下，退則鼎足而立，但孫權向曹丕稱臣的話，曹丕就會逼他晉見並要孫權之子為人質。如果孫權不從，曹丕便會興兵來犯，屆時蜀國也不會客氣，必跟魏國搶分吳國之地。

　　鄧芝講完重點，忍不住戲癮上身，竟說「若大王以愚言為不然，愚將就死於大王之前，以絕說客之名也」，也就是說假使孫權不信，鄧芝便要跳入油鍋之中。還好孫權連忙制止並以上賓之禮相待，然則孫權相信鄧芝的最大關鍵就是「天無二日」之說。孫權試探鄧芝為人，他說若是吳蜀共滅魏國，兩主便可分治天下。鄧芝想也不想就說「天無二日，民無二王。如滅魏之後，未識天命所歸何人。但為君者，各修其德；為臣者，各盡其忠；則戰爭方息耳」，他的意思是告訴孫權說吳蜀在滅魏之後必會相爭，到時就看天命歸於何方。在三國時代，出現如此真誠的回答實屬罕見，於是孫權不再存有被詐騙的感覺，吳蜀兩國從此重修舊好。

　　回到更新版的三國演義，鄧芝仍是吳蜀之間最

好的橋樑。在孫劉聯盟穩固的情況下，孫權不以油鍋和武士相迎，等待鄧芝的是一桌好酒好菜，不變的則是孫權的疑心病。鄧芝還是搬出「天無二日」之說，試圖取信孫權接受三國版的 CRS。孫權感受到劉備的實力日益壯大，也明白三分天下之勢無法長久，假使再無作為的話，勝利的天平恐將倒向劉備。孫權斟酌再三，如果接受鄧芝的提議，將令吳蜀兩國富豪難以藏匿家產，稅賦得以順利徵收，吳蜀便有財力攜手攻魏，就算戰事不如預期，落得戰敗或是慘勝的下場，兩國仍然掌握財源，能夠穩住稱霸一方的局面。然而，當吳蜀一舉殲滅魏國，二分天下之際，屆時「民無二王」，戰事必將一觸即發。

孫權豪飲數杯酒後，內心深處的聲音告訴他，無論攻魏結果如何，全都勝過猶豫不決、順勢發展，但他還是擔心諸葛亮玩陰的，以至於吳國所得之利將遠不如蜀國。眼看孫權心意搖擺不定，鄧芝提出等額互惠的原則，也就是兩國錢莊將帳戶呈報之後，吳蜀可先議定同等金額來交換資料，使得揭露總數沒有落差，避免產生不公。在建立互信之後，兩國再將互換金額往上提高，如此一來，孫劉就可逐漸掌握逃稅的名單。鄧芝中肯的提議獲得孫權的認同，兩國便開始頒布法令，準備啟動三國版的 CRS。

　　為了避免與富豪們發生衝突，三國版的 CRS 沒有立即執行。兩國先是貼出告示宣導，也給予錢莊時間呈報帳戶，並令富豪們自首或是進行合規的安排，同時嚇阻其他有心逃稅之人。整個過程與現代 CRS 運作相似，表達意願或已加入 CRS 的國家會先公布時間表，要求境內金融機構彙整帳戶資料，再請帳戶持有人申報稅務居民的身分，但是金融機構不一定會接受持有人的自我申報，如果申報內容與現有資料不符，金融機構還會要求解釋或者證明文件。

　　道高一尺，魔高一丈！再嚴密的規範總有漏洞存在，因此 OECD 提供了一個檢舉網站[註3]，公開接受匿名檢舉任何規避 CRS 的行為，彌補 CRS 的漏洞。此一想法也連結到諸葛亮的腦中，他張貼懸賞榜文，鼓勵百姓舉報逃稅的「創意」。在三國版的 CRS 運作後，仍有不少人心存僥倖，未做合規的安排，因此資料分別被交換至吳蜀兩國。諸葛亮對於初犯沒有苛責嚴懲，只是要求犯者補繳稅賦並且加碼投資蜀國的新創公司。諸葛亮選擇從富豪手中追稅而不把重擔壓在升斗小民身上，他要努力在富豪的憤怒和百姓的仇富心態之中攫取一個平衡點，因為眾人皆是劉備能否稱霸的關鍵。

　　吳蜀實施三國版的 CRS 之後，稅賦徵收漸趨穩定。

為了避免秋後算帳，富豪們傾力支持孫劉發展工商，促使吳蜀國力更加強盛。反觀曹丕，孫劉無意與他簽訂三國版的 CRS，因此北方富豪趕緊將部分家產挪往吳蜀兩國，一方面逃避稅賦，另一方面他們已經感受到孫劉欲將北伐的急迫性，於是便把錢財投於吳蜀，也算是買張保命符。彼長我消的情勢悄然地因 CRS 而生，當曹丕驚覺之時，縱想力挽狂瀾，無奈為時已晚。

孫劉分別自合肥與襄陽出兵，一路上摧枯拉朽、勢如破竹。曹丕身旁沒有司馬懿出謀劃策，僅剩曹真等人單憑勇力對抗，孫劉兩軍迅速兵臨城下。曹丕緩步登上銅雀臺，回憶父親曹操戎馬一生，歷經千辛萬苦打下的基業，居然在自己手中崩解，他想起過去的豪氣干雲、宮廷鬥爭、骨肉相殘……，曹丕不禁潸然淚下，口裡反覆念著曹操的短歌行「山不厭高，海不厭深，周公吐哺，天下歸心」，曹丕顫抖地將手中的匕首往頸上抹去。曹魏政權徹底瓦解，領土則被吳蜀兩國瓜分，豪門望族、富商大賈、販夫走卒盡皆歸降孫劉。

天無二日，民無二王！諸葛亮即將迎向最後一戰。

參考資料（註）：

1. 三國志：裴松之註

2. FATCA，全名為 The Foreign Account Tax Compliance Act。FATCA 要求外國金融機構和特定非金融機構回報具有美國身分的帳戶持有者所擁有的金融資產情形，甚至也要求持有一定海外資產的美國人申報自己的海外帳戶與資產。資料來源：美國國家稅務局網站 https://www.irs.gov/

3. http://www.oecd.org/tax/automatic-exchange/common-reporting-standard/ 在此 OECD 的網頁下方有一項 share information on potential CRS avoidance schemes，提供可以匿名檢舉的表格

第八回　債券

劉備能有幾多愁，
諸葛發債解千愁

　　話說諸葛亮平定南蠻後，為了應付眾籌和孟獲的
債務，同時也想趁機發展債券市場對付孫權，因此他
打算發行二十年期債券來籌資。出乎諸葛亮意料之外，
尚書令李嚴居然跳出來反對。

　　李嚴，字正方，後改名李平，在三國演義中扮演
白目的蜀國重臣。劉備臨終之前，特請諸葛亮和李嚴
星夜前來永安宮聽受遺命，兩人理所當然地成為顧命
大臣，但這也種下諸葛亮和李嚴相爭的因果。隨著諸
葛亮逐漸大權在握，李嚴對於自身權位產生危機意識，
因而感到焦慮萬分。蜀臣陳震曾私下對諸葛亮說李嚴
「腹中有鱗甲，鄉黨以為不可近」[註1]，也就是說李嚴
心術不正，但當時諸葛亮卻認為「大事未定，漢室傾
危，伐平之短，莫若褒之」[註2]，因此決定以大局為重，

不與李嚴爭鬥。然而，在諸葛亮對陣司馬懿之際，李嚴不知是頭殼壞去，還是為了掩飾軍糧不濟之過，竟糊弄諸葛亮說吳國欲要聯魏攻蜀，害得諸葛亮連忙退兵，但在劉禪面前，李嚴又裝傻說「臣已辦備軍糧，行將運赴丞相軍前，不知丞相何故忽然班師」。雖說權力焦慮症令人瘋狂，但李嚴竟想用此爛招鬥倒諸葛亮，實在令人不解他當初是如何上位的。由於李嚴的糊弄之詞有書信為證，下場就是貶為庶人，抑鬱而終。

在遭遇李嚴反對發債之時，諸葛亮沒有立即回嗆，也不打算專斷獨行，他建請劉備舉行平定南蠻的慶功宴，也邀李嚴齊聚一堂。慶功宴上只見歌舞昇平，文臣武將盡皆把酒言歡。此時一名富商舉起酒杯，不停地與眾人敬酒。富商負責這場宴會的酒水，因而受邀前來。在觥籌交錯之際，馬謖突然笑問往事。原來富商過去險些敗盡家業，存放酒甕之處慘遭祝融肆虐，一夕之間存酒全被燒毀。為了維護商譽、交付買賣，富商緊急向錢莊貸款。錢莊取得府邸土地等抵押品後，富商便獲資金拯救家業。

富商口沫橫飛地述說東山再起之事，聲如洪鐘的嗓音令人不覺側耳傾聽。富商提及舉債助他死裡逃生，還令買賣遍及蜀境，無人可與他匹敵。富商越說越發

起勁，闡述借錢所得之利若高於貸款支息，便可舉債擴張來力壓對手，但若過於保守，反倒身陷困境，甚至痛失原有之基業。眼看富商口若懸河卻又似熟背講稿一般，劉備忍俊不禁，靜觀其變。此時，李嚴赫然驚覺這場「鴻門宴」的意圖，開頭從諸葛亮愛將馬謖提起，正題則由富商引出，慶功宴的目的便是商議發債。

諸葛亮眼見時機成熟，清了清喉嚨，便從富商舉債之事談下去。諸葛亮形容劉備目前的處境與富商的經歷相似，商場如戰場，戰場也如商場。以舉債之事來看，三國鼎立像是一場賽局，發債等同槓桿操作，可以突破現有財力的限制，大幅提升國力，雖說誤用槓桿將會萬劫不復，如同蔡瑁的下場一般，但在發債籌資之後，至少短期內能夠力壓對手，甚至「戰必勝、攻必取」。諸葛亮認為，三雄之中誰能想通其中的道理並率先發債，誰便能九合一匡、一統三國。諸葛亮酒意上湧，激動地說到發債最終或將失控，但若劉備錯失良機而再被超越，就別談什麼「最終」了！

諸葛亮情緒稍稍平復後，仔細觀看眾人的反應。這場「鴻門宴」不僅是諸葛亮的「政策發表會」，更是測試文武百官「風向」的宴會。除此之外，諸葛亮

還想知道李嚴是否結黨營私，黨羽是否藉機發難。李嚴屬於東州派，東州派源於東州兵，三國志引注英雄記曰「南陽、三輔人流益州數萬家，收以為兵，名曰東州兵」，這股勢力是劉璋之父劉焉壓制益州士族的重要憑藉[註3]。李嚴是南陽人，西入益州之後，劉璋任命他為成都令，因此被視為東州派的一員。李嚴藉由發債一事發難，諸葛亮擔憂此舉將會引發東州派和荊州派的爭鬥，幸好李嚴只是一個因焦慮而失控的白目。

李嚴並非像電視劇《瑯琊榜》的梅長蘇如此足智多謀，也不如《延禧攻略》的魏瓔珞那樣反應機靈，他只是一隻政壇「孤鳥」，卻想憑著以往權勢而一呼百諾，奈何斗轉星移，在諸葛亮當權的「宦海」中竟激不起一絲漣漪。李嚴感受到一面倒的氛圍，只好轉而要求諸葛亮留心發債之害，藉此為自己找台階下。此時諸葛亮仍舊顧全大局，不僅沒有批判李嚴，還讚揚他的說法。諸葛亮提及發債之時，將會建構信用評等制度，倘若財政收支改善，債券便能獲得較高的信評，爾後發債的殖利率便會降低，因此發債並非等同財政惡化，反而鞭策財政紀律。發債之事至此底定，接下來諸葛亮要煩惱的是如何定價。

債券是由票面利息、到期年期和到期面值所組成

的，但殖利率才是決定債券報酬或是發行成本的指標，因為債券買賣價或發行價不一定等同於到期面值，合計其中價差以及票面利息方能得出殖利率。對於諸葛亮來說，債券殖利率就是平均每年要付的利率。對於債券投資人來說，殖利率則是年化報酬率的概念。

在宴會過後，諸葛亮發行二十年期、殖利率 8% 的債券應付南蠻債務。為了發展債券市場，他又分別發行十年期殖利率 6%、五年期殖利率 5% 和兩年期殖利率 4% 的債券，所獲資金則是用以整軍經武，債券的支息和本金皆有財政收入作為擔保。對於投資人來說，諸葛亮發行的債券是相對穩定的投資，因此殖利率不需過高，反映低風險、低報酬的定律。最重要的是，諸葛亮想要誘使孫權跟進發債，因此運用若干財技增加發債的吸引力。例如，諸葛亮將五年期債券的票面利率訂為 3% 並折價發行，雖然殖利率仍為 5%，而此債券與票面利率 5%、面值價格發行的債券殖利率相同，但諸葛亮締造了前期利息少、發債成本低的假象。最後，慶功宴上的對話也被刻意美化，迅速流傳至民間，豪門望族、販夫走卒無不談論發債的好處。

債券初級市場方興未艾，三雄無不擔憂於「賽局」之中落後，富豪們也為爭奪生意而競相發債。錢莊自

然不會錯過這門生意，不但承銷債券發行與認購，還提供次級市場的買賣交易，促進債券的流動性，吸引投資人參與。發債除了應付財困之外，還可透過槓桿達到原先無法完成的目標，雖說適度舉債能夠成就未來，但重點在於「適度」的標準為何。諸葛亮的腦中充滿未來的經驗，這些經驗告訴他，債券發行人處於順境時，發債所得之利往往遠高於利息支出，因此自然地想要放大槓桿操作，可是情勢逆轉的時候，債券發行人不但面臨慘澹經營，還得應付債息支出，最後只好違約拖欠，甚至落到資不抵債的地步。

諸葛亮曾說「債券市場將是孫權的墳場」，但他並不指望單純的操作就能為孫權敲下喪鐘。面對足智多謀的江東才俊，諸葛亮將以神不知鬼不覺的手法來打最後一戰！

滾滾利息東逝流，
債務淘盡英雄

　　時光回到吳蜀瓜分魏國之後，孫劉對峙氛圍逐漸成形，而當初龐統的金融連環計也正奏效。蜀國「龐氏借貸」以及吳國「周氏借貸」這兩個 P2P 借貸平台推升民間債務，也促進買賣交易，吳蜀兩國因而繁榮昌盛，景氣甚至呈現過熱。景氣的循環總是周而復始，從古至今，誰都無法打破這個規律。繁華過後，隨之而來的便是泡沫破裂，經濟步入衰退蕭條，而 P2P 借貸平台也無法改變此一現象，反倒加速過程。在過程中，錢莊成了信貸泡沫的推手。由於 P2P 借貸平台的借貸利率高，因此取巧之人便從錢莊取得較低利率的貸款，再經龐氏借貸或周氏借貸放款套利。此外，面對 P2P 借貸平台的競爭，錢莊審核貸款的條件逐漸寬鬆，因而累積數目可觀的不良貸款。

金融連環計引發的悲劇於吳蜀兩國正式揭開序幕！與日俱增的貸款需求推高利率，而繁華不再之後，債務將各個階層都壓得喘不過氣，於是借貸違約、資不抵債、敗業傾家等現象層出不窮，致使錢莊壞帳倍增、信貸緊縮。當時之錢莊猶如今日的銀行，此一「連環爆」則近似於2008年金融海嘯，錢莊積累大量槓桿，壞帳虧損則使錢莊無法放貸，民間頓失信貸支援，百業呈現蕭條。若情況持續惡化，存款人便至錢莊擠兌，屆時錢莊無力應付的話，吳蜀經濟就會崩潰，天下局勢發生動盪，東漢末年亂象將會再現。

諸葛亮早已預知情勢演變，因此刻意推動債券市場。因應「連環爆」，諸葛亮於蜀國擴大發債籌資，一面應付百業所需，一面救援錢莊。曾幾何時，龐氏借貸交易熱絡，百姓川流不息從事借貸，還有貪官挪用公帑從中賺取暴利。繁華散盡之後，借款人還不出錢，不少百姓生活頓失依靠，而貪官的行徑則令財政短絀，不少地方官皆自身難保，更遑論照顧百姓。諸葛亮下令捉拿貪官，將錢糧調往各地州郡應急，並督促地方官開倉賑濟，穩定局勢。當初龐氏借貸成立之時，諸葛亮刻意保守，反觀周氏借貸則是大膽激進，因此「連環爆」慘劇更勝蜀國。對於錢莊的窘境，諸葛亮積極應對，不僅是因為錢莊擁有者能夠左右朝政，

而且錢莊的借貸連結著蜀國的命脈。為了防範流動性風險，諸葛亮提供借貸額度給予錢莊，購買錢莊若干不良債權，並擔保錢莊的發債。錢莊獲得奧援之後，逐漸正常運作與放貸，但在經營上就得接受嚴格監管。在諸葛亮採取一連串對策的同時，孫權也無更好的解決之道，只能選擇跟進，兩國債務規模瞬間倍增。

既然諸葛亮對於情勢演變了然於心，他便不會在「連環爆」發生時無計可施。諸葛亮在「獨角獸」估值飆高之時，便已出脫大部分雲端商行和龐氏借貸的股權，所獲資金則由空殼商行隱匿持有。在孫權發債救市後，吳國負債遠多於蜀國。眼見時機成熟，諸葛亮便以空殼商行收購在次級市場流通的蜀國債券，執行「去槓桿化」之策。諸葛亮先發債券誘使孫權跟進，導致吳蜀兩國債務一起擴大，接著回購債券來降低蜀國債務，終令兩國負債狀況形成天壤之別。在違約風險增加的情形下，吳國債券殖利率飆高，不斷上升的發債成本致使吳國財政日益艱困。諸葛亮則趁機散布謠言，有關吳國倒債、兵餉短缺的傳聞不脛而走。

吳國債券遭到拋售狂跌，殖利率「一飛衝天」，吳國財政瀕臨崩潰，而蜀國則在「去槓桿化」後穩住局面，吳蜀國力兩相比較，高下立判。此刻諸葛亮內

心熱血沸騰，雖然勝券在握，但仍不敢絲毫懈怠。諸葛亮火速派人與吳蜀兩國的豪門望族、富商大賈講述當前局勢，解析吳蜀負債差異，眾人皆為吳國即將倒債而感擔憂，因為持有吳國債券的投資人固然損失慘重，但其他人也將受到「連環爆」牽連。在愁雲慘霧之際，諸葛亮使出最後一招殺手鐧，他昭告天下，一旦吳國歸附蜀國，蜀國將會擔保所有吳國債券。諸葛亮的昭告如同寒冬中的一道陽光，無聲無息地暖和眾人的心，並且產生微妙的變化，令人心向蜀國，渴望劉備終結戰亂、平息「連環爆」。降吳的魏軍率先發難，因為擔心吳國兵餉短缺，降將率兵「一路向西」投奔蜀國，諸葛亮則順勢收復北方全境，三分天下已有其二。孫權眼看大勢已去，無法再與劉備抗衡，但又不甘心交出父兄基業，於是遣使向劉備求和。

　　蜀國朝臣大多反對和談，傾向直接「喀嚓」殺了孫權，但諸葛亮卻擔心江東才俊仍不可小覷，若是孫權奮死抵抗，劉備迎來「慘勝」的話，國力耗盡的結果恐將引發內亂。在諸葛亮力勸之下，劉備要求孫權退位為吳國公，孫權仍是名義上的江東之主，但需定期來朝晉見劉備。此外，劉備只給孫權保留部分歲收，其餘皆須上繳蜀國。蜀國擔保吳國債券的本息，而孫權就和孟獲成為「難兄難弟」，也就是不折不扣的「債

奴」。此時劉備內心相當清楚，在諸葛亮塑造創新氛圍、建立完善制度以及蜀國財政穩定的情況下，中原的人才和資金便會蜂擁而至，將來消滅孫氏一族只是時間早晚的問題而已。

　　劉備喜迎此生最大的勝利，他暢遊御花園，欣賞萬紫千紅的景色，途中看見一株青梅樹，令他不經回想起曾與曹操煮酒論英雄，臧否天下人物。曹操說「夫英雄者，胸懷大志，腹有良謀，有包藏宇宙之機，吞吐天地之志者也」，當劉備問「誰能當之」，曹操則手指二人說「今天下英雄，惟使君與操耳」。回憶這段往事，一切恍如昨日，歷歷在目，劉備移步面向北方，拱手作揖，遙想這位人生難得的知己！

　　一日夜裡，沉寂已久的臥龍崗開始人聲鼎沸。諸葛亮故居燈火通明，從外望去，只見觥籌交錯，笑聲不絕於耳。諸葛亮與眾人把酒言歡，宗親族人接踵而來。當初宗族耆老為保諸葛一族，懇求族人分投多主，藉此分散風險，諸葛亮報效劉備，兄長諸葛瑾獻身東吳，堂弟諸葛誕仕於曹魏，三人皆是位極人臣，各擁一番功業。諸葛家族宗親今日難得齊聚一堂，過去只敢低調往來，以免分散風險之事引人非議。在酒盡人散之後，諸葛亮留住諸葛瑾和諸葛誕二人。在商議宗

族的未來時，諸葛亮終於將自己被「開外掛」之事告知，諸葛謹和諸葛誕皆感不可思議，但想到諸葛亮出山後的「怪招」，卻令兩人不得不信。諸葛亮舉杯敬酒，三人一飲而盡，他們相當清楚金融科技將是諸葛家的一大利器，也明白這杯酒不僅代表三國統一，更是象徵著諸葛家的萬世興旺！

參考資料（註）：
1.陳壽，三國志蜀書：陳震傳
2.三國志：裴松之註
3.伍伯常，方土大姓與外來勢力：論劉焉父子的權力基礎，漢學研究第 19 卷第 2 期，2001 年 9 月

結局：西元 2025 年

「劉鋒，快逃！」何苑湘歇斯底里地喊著。

劉鋒從時空穿梭機衝了出來，一旁士兵眼明手快地用槍抵住他。他朝著控制台的方向望去，見到何苑湘也被制伏，而周圍盡是陌生的面孔。控制台那裡沒有司馬恆翹腳的畫面，只有一名中年男子安靜地坐著。中年男子像是掌控現場的主腦，全場目光都聚集在他的身上，眾人似乎在等他下達指令，就連一位身穿將軍服的老男人也正屏氣凝神。

「我是諸葛運承！」中年男子告訴劉鋒。「感謝你對我們諸葛家的幫助，但是很抱歉，時光穿梭機實在是件危險的東西，必須立即摧毀，其他相關人等也要先跟外界隔絕，就連你也不例外。」

「你是諸葛亮的後人？」劉鋒感到些許頭痛，他知道這次穿越時空的結果造成很大的改變，因此腦中不斷地浮現新的記憶。

「她是你的女朋友吧！」諸葛運承似乎不想回答問題，將手指向何苑湘。「委屈你們兩個到山中住一陣子，等我處理好穿梭機的問題後，就會放你們出來。」

諸葛運承沒等他們回應，便逕自離開現場。身穿將軍服的老男人像是得到指令一般，快速地分配任務給予士兵們。劉鋒和何苑湘分別被帶往山中一座幽雅寧靜的莊園，沿途風景如畫、天空湛藍，絲毫沒有核戰過後的痕跡。劉鋒滿腹疑惑，無奈何苑湘坐在另一台車上，而身旁的士兵又是一副「別跟我聊天」的模樣，還好車程不算太久，劉鋒很快地在莊園內與何苑湘重逢。兩人漫步走到戶外的花園，園中花團錦簇，蝴蝶婆娑起舞，若非周圍不時出現巡邏的士兵，劉鋒便會以為自己身在夢中。劉鋒大口吸著西元 2025 年的新鮮空氣，深怕下一秒這樣的幸福感就會突然消失。

「我還以為他要殺了你！」何苑湘心有餘悸地說。

「他？妳是指諸葛運承？這到底是怎麼回事？」

劉鋒忍不住提出一連串的問題。

「這次穿越時空的結果是前所未見，你可能還要一些時間才會有新的記憶。」

「難道我拯救了世界免於核戰？」

「是的，可以這樣說。」何苑湘頓了一下。「諸葛亮被開外掛以後，諸葛家後代興旺、富可敵國。他們現在是各國政權背後的影武者，為了維護諸葛家的利益，他們提倡和平、消除貧富差距，但是也很積極剷除一些威脅他們的敵人。」

「所以我是他們的敵人嗎？他們是不是怕我再次穿越時空，改變歷史？」

「現在看來，他們對你有很複雜的情感，所以只是把你軟禁而已。」

「司馬恆呢？」劉鋒想起這個討厭的傢伙。

「我再也沒有遇到他了，也許他現在只是一個遠在天邊的平凡人吧！」

「對不起，是我連累了妳，害妳也被關在這裡。」

「這裡要比以前悶在飛行船上好得太多了！」何苑湘俏皮地做了個鬼臉。

「唉，我真不知道該怎麼說…」劉鋒心懷愧疚。

「我是認真的…」何苑湘突然低聲細語。「我喜歡現在跟你這個樣子。」

經歷人生種種的不如意，此刻劉鋒胸前感到一股暖流，他不自覺地牽起何苑湘的手。夕陽西下，落日染紅了天邊的雲朵，劉鋒發現何苑湘的雙頰遠比雲朵更紅，他知道自己拯救了世界，也拯救了他們兩個人。

後記

　　五百年必有王者興，其間必有名世者！這是自古以來我們對於英雄降臨的期待，尤其身在亂世或是政權興替之時，這份期待更加強烈。在本書誕生的過程中，我也懷著這樣的情懷，然而寫到結尾之時，我不禁回想起原著情節。在三國演義裡，諸葛亮雖然沒有「外掛」金融科技，但他仍是絕頂聰明，可是當時的他為何無法幫助劉備統一中原呢？今昔之感，一剎那間，我赫然發覺，本書帶給三國時代的不只是個外掛金融科技的英雄，而是觀念上和制度上的變革。英雄帶來的改變往往有限，除非他能集眾人之力，對於現狀產生影響。

　　2018年，阿根廷和土耳其股匯市大跌，兩國經濟處於風雨飄搖之中，這不禁令人想問：阿土兩國皆無「王者興」嗎？在2017年，土耳其總統艾爾多安（Recep

Tayyip Erdoğan) 發動修憲公投，將大權集中於總統一職並於 2018 年成功連任，這是他從 2003 年擔任總理以來，達到權力巔峰的一刻，同時也是金融市場最為動盪的一刻。一般人擔心三高（高血壓、高血糖和高血脂），2018 年的土耳其卻有「五高」：通膨高、利率高、匯率高（貶值）、財政赤字高和貿易逆差高，而「難兄難弟」阿根廷也好不到哪裡去。在 2015 年，阿根廷選出新總統馬克里（Mauricio Macri），馬克里隨即展現改革決心並於 2016 年帶領阿根廷重返國際債市，而此前的 15 年間，阿根廷卻是國際上的「拒絕往來戶」。最厲害的是，「債市鬼見愁」阿根廷居然在 2017 年成功發行百年債券，而搞笑的是，2018 年的阿根廷馬上陷入倒債危機並向 IMF 求援。對於不少人來說，2018 年的艾爾多安和馬克里絕非「王者」，所以如此說來，兩國人民還在期待英雄降臨嗎？從理性的角度來分析，阿土兩國經濟存在結構性問題，若無創新和制度變革，再花五百年等「王者」仍是枉然！

反觀美國，由於擁有創新和制度的優勢，在 2018 年經濟數據亮眼，金融市場表現相對平穩，美國不但不需要「王者」，就算有個「狂人」總統川普「攪局」，也不易動搖國本。川普所作所為與主流思想背道而馳，他不屑全球化，只管「美國優先」，狂打貿易戰，卻

不在乎經濟上的長期傷害，而且川普認為「別人笑我太瘋癲，我笑他人看不穿」，相當地自豪美國榮景因他而起。然而，擁有創新優勢的美國，為何會在金融科技的領域落後於中國呢？探究原因，主要是來自於監管上的差異。美國法令制度成熟，涵蓋的層面也較為廣泛，而且在 2008 年金融海嘯之後，政府對於金融監管更加嚴格，所以金融科技的發展有先天上的限制。中國則有「超英趕美」的情結以及「實驗是檢視真理的唯一標準」的敢為，因此在監管尚未成形前就讓金融科技「大鳴大放」。電子商務、行動支付、P2P 借貸平台、區塊鏈、大數據等等所衍生出的金融科技，不論是在種類上和規模上都超越美國。在今天的中國生活，若用現金恐會遭受白眼，沒有微信支付則車子開不出停車場，就連乞丐都用「二維碼」乞討，金融科技已經深入廣大人民的日常起居。

　　就是因為初期缺乏監管，中國金融科技的創新一日千里，但卻差點成為失控的「野獸」，所以中國在 2017 年發布《關於防範代幣發行融資風險的公告》，擔心 ICO 擾亂金融秩序，將其視為非法行為，而 P2P 借貸平台雖在 2014 年底劃下政策紅線，但 2018 年仍有上百家 P2P 借貸平台遭遇困境，產生投資人所說的「雷暴」。這不禁令人思考：創意和監管孰輕孰重？

港交所行政總裁李小加在網誌裡有段發人深省的話「我們永遠行走在學習平衡之術的路上：如何在提供投資機遇和控制投資風險之間保持平衡……如何在堅持原則和保持競爭力之間保持平衡，如何在程式正義和積極作為之間保持平衡」。在金融科技的領域中，各國已從創新戰打到監管戰，如何在戰場上找到有利攻擊兼具防守的位置，這便是執政者要去拿捏之處。

　　最後，感謝讀者們容忍我惡搞三國歷史，希望本書的觀念也能「外掛」在各位的腦中。在期待英雄降臨之餘，我更想強調創新、監管和制度的重要性。唯有啟動更加深層的改革，才能促使國家和產業具備競爭優勢。倘若有此體認，便不枉諸葛亮穿越時空、鞠躬盡瘁的辛勞！

國家圖書館出版品預行編目資料

當諸葛亮外掛金融科技：從三國演義看懂現代金融 / 林睿奇　著
--初版-- 臺北市：博客思出版事業網：2020.06
ISBN 978-957-9267-64-9(平裝)

1.金融管理 2.金融市場 3.金融自動化

561.029　　　　　　　　　　　　　　109006161

投資理財 13

當諸葛亮外掛金融科技 ： 從三國演義看懂現代金融

作　　　者：林睿奇
編　　　輯：楊容容
美　　　編：塗宇樵
封面設計：塗宇樵
出 版 者：博客思出版事業網
發　　　行：博客思出版事業網
地　　　址：台北市中正區重慶南路1段121號8樓之14
電　　　話：(02)2331-1675或(02)2331-1691
傳　　　真：(02)2382-6225
E—MAIL：books5w@gmail.com或books5w@yahoo.com.tw
網路書店：http：//bookstv.com.tw/
　　　　　　https：//www.pcstore.com.tw/yesbooks/
　　　　　　博客來網路書店、博客思網路書店
　　　　　　三民書局、金石堂書店
總 經 銷：聯合發行股份有限公司
電　　　話：(02) 2917-8022　　傳 真：(02) 2915-7212
劃撥戶名：蘭臺出版社 帳號：18995335
香港代理：香港聯合零售有限公司
地　　　址：香港新界大蒲汀麗路 36 號中華商務印刷大樓
　　　　　　C&C Building, 36,Ting, Lai, Road, Tai,Po, New,Territories
電　　　話：(852)2150-2100　　傳 真：(852)2356-0735
出版日期：2020年6月 初版
定　　　價：新臺幣360元整（平裝）
I S B N ：978-957-9267-64-9